|就业技能培训教材|

客房服务基本技能

(第3版)

主　编　张　培
副主编　王铁江　黄　樱

中国劳动社会保障出版社

图书在版编目（CIP）数据

客房服务基本技能/张培主编. ——3版. ——北京：中国劳动社会保障出版社，2023

就业技能培训教材

ISBN 978-7-5167-6042-0

Ⅰ.①客… Ⅱ.①张… Ⅲ.①饭店-商业服务-技术培训-教材 Ⅳ.①F719.2

中国国家版本馆 CIP 数据核字（2023）第 163037 号

中国劳动社会保障出版社出版发行

（北京市惠新东街 1 号　邮政编码：100029）

*

保定市中画美凯印刷有限公司印刷装订　　新华书店经销
880 毫米×1230 毫米　32 开本　6 印张　140 千字
2023 年 11 月第 3 版　　2023 年 11 月第 1 次印刷
定价：15.00 元

营销中心电话：400-606-6496
出版社网址：http://www.class.com.cn

版权专有　　侵权必究

如有印装差错，请与本社联系调换：（010）81211666
我社将与版权执法机关配合，大力打击盗印、销售和使用盗版图书活动，敬请广大读者协助举报，经查实将给予举报者奖励。

举报电话：（010）64954652

前　言

《国务院关于推行终身职业技能培训制度的意见》(国发〔2018〕11号)提出，要围绕就业创业重点群体，广泛开展就业技能培训。为促进就业技能培训规范化发展，提升培训的针对性和有效性，我们对原职业技能短期培训教材进行了优化升级，组织编写了就业技能培训系列教材。本套教材以相应职业（工种）的国家职业技能标准和岗位要求为依据，力求体现以下特点：

全。教材覆盖各类就业技能培训，涉及职业素质类，农业技能类，生产、运输业技能类，服务业技能类，其他技能类五大类。

精。教材中只讲述必要的知识和技能，强调实用和够用，将最有效的就业技能传授给受训者。

易。内容通俗易懂，图文并茂，引入二维码技术提供增值服务，易于学习。

本套教材适合于各类就业技能培训。欢迎各单位和读者对教材中存在的不足之处提出宝贵意见和建议。

内 容 简 介

本书是针对客房服务员的就业技能培训教材，使学员能够在一定的培训周期内掌握客房服务的基本技能，达到上岗要求，胜任相应工作岗位，顺利实现就业。

本书从客房服务员的岗位认知开始讲解，帮助学员了解客房服务员的工作内容和素质要求，树立正确的职业道德观。在此基础上，对客房清洁工作、客房接待服务和客房安全保卫工作等内容进行详细介绍，重点阐述了客房的日常清扫、消毒工作和计划卫生，日常的客房接待服务、对重要客人的服务，客房安全保卫工作中的防火防盗常识和安全事故处理等内容。在全书的最后，还附加了客房服务常用英语、客房服务常用表单等。

全书语言通俗易懂，内容紧密结合工作实际，突出客房服务技能操作，便于学员更好地掌握客房服务员基础知识和基本技能。

本书由张培任主编，王铁江、黄樱任副主编，徐杭锋、魏锡钦、雷园参与编写。

目 录

第1单元　岗位认知 …………………………………… 1

　模块1　客房服务员工作内容和素质要求…………………… 1
　模块2　客房服务员职业道德………………………………… 3
　模块3　客房部简介…………………………………………… 11
　模块4　客房基本知识………………………………………… 17

第2单元　客房清洁工作 …………………………………… 31

　模块1　常用清洁工具及清洁剂……………………………… 31
　模块2　客房日常清扫………………………………………… 45
　模块3　客房的消毒工作……………………………………… 69
　模块4　客房的计划卫生……………………………………… 75
　模块5　公共区域的清洁卫生………………………………… 81
　模块6　设施设备的维护保养………………………………… 88

第3单元　客房接待服务 …………………………………… 103

　模块1　接待服务的四个环节………………………………… 103

模块 2　会议服务 ·· 115

模块 3　VIP 接待服务及个性化服务 ······················ 121

模块 4　其他服务 ·· 126

第 4 单元　客房安全保卫工作 ······························ 139

模块 1　客房安全设施设备的配置 ························· 139

模块 2　防火防盗常识 ·· 144

模块 3　其他安全事故的处理 ······························· 153

模块 4　应急救护知识 ·· 155

培训建议 ··· 167

附　　录 ··· 169

第 1 单元 岗位认知

认识工作部门及岗位是从事客房服务工作的基本前提。客房服务员在掌握必要服务技能前,必须认识到自身的工作内容和工作职责;知晓客房与客房部的基本知识;同时要遵守职业道德,加强服务意识;讲究礼节礼貌,不断提高服务水平。

模块 1　客房服务员工作内容和素质要求

一、客房服务员工作内容

在客房部工作的服务人员统称为客房服务员。客房部基层员工一般包括客房服务中心服务员(包括值班员和物品领发员)、楼层服务员或卫生班服务员、公共区域卫生服务员、洗衣房服务员等。岗位不同,其具体的工作内容也各有侧重。

1. 客房服务中心服务员

(1) 接听电话,回答客人咨询。接受客人服务要求,如洗衣、客房送餐等,及时安排并做好记录。

(2) 接受客人退房报告,通知楼层服务员查房。

(3) 记录保管客人的遗留物品。

(4) 提供租借物品的服务。

（5）接收楼层客房消耗酒水的报账，转请总服务台收银处入账，并及时补充酒水。

（6）为重要客人准备礼品，为客人派发报刊。

（7）定时与总服务台核对房态及有关报表。

（8）保持与相关部门的沟通联系，相互传递信息。

（9）受理客人投诉，做好记录，及时报告上级。

2. 楼层服务员

（1）准备好工作车及需要配备的物品。

（2）清洁整理房间，补充客用消耗物品。

（3）为客人提供客房"开夜床"服务，提供日常接待服务以及擦鞋、托婴、加床、留言等其他服务。

（4）正确使用各种清洁剂和清洁用具。

（5）对客房内家具设备进行保养。

（6）留心观察客人情况、楼层安全，发现异常情况及时报告。

（7）检查并报告客房设备、物品损坏及遗失情况。

（8）提醒客人寄存贵重物品。

（9）上交客人遗留物品，做好记录。

（10）当其他部门员工需要进入客房工作时，按规定为其开门并等候。

（11）完成上级及有关人员临时交办的工作。

3. 公共区域卫生服务员

（1）负责清洁公共区域，如大堂、商场、公共卫生间、电梯、楼道、走道、门窗等地方的卫生。

（2）对公共区域的地面进行清洗。

（3）对所有的设备进行维护保养。

（4）完成上级交办的临时性任务。

二、客房服务员素质要求

1. 品德要求

有较强的服务意识和应变能力,细致、认真、责任心强,吃苦耐劳,有奉献精神。

2. 健康要求

身体健康,五官端正。每年进行一次健康检查。

3. 知识要求

初中或中专、中技以上文化程度,受过专业知识技能培训,能进行简单的英语对话。

4. 技能要求

熟悉客房服务内容、服务程序、卫生标准。熟悉饭店各种服务设施、服务项目,掌握各项服务内容及操作规程。熟悉重要客人接待规格。

模块 2　客房服务员职业道德

职业道德是指从业人员在整个职业活动过程中必须遵守的行为规范,是社会对从业者的道德要求,也是社会道德在职业生涯中的具体体现。良好的职业道德是客房服务员必须具备的基本品质,是为客人提供优质服务的基础。

一、客房服务员的道德要求

1. 主动服务

主动服务是指把服务工作做在客人提出要求之前,随时捕捉客人的需求信息,提供及时服务、超前服务。在服务过程中,只有真正从心里了解、关心客人的所思所想，才能使自己的服务更有人情味，让客人倍感亲切。

2. 热情服务

热情服务是指为客人服务要满腔热忱，并且是发自内心的，要精神饱满、面带微笑、动作迅速，牢记客人是亲人、是朋友，热情友好地服务每一位客人。

3. 周到服务

周到服务是指服务过程中要学会换位思考，时刻从客人的需求出发，做到问一答三，做一想三，使客人有宾至如归的感觉。

（1）在服务内容和项目上，要细致入微，处处方便客人，体贴客人，千方百计帮助客人排忧解难，不但要做好共性的规范服务，还要做好个性化服务。客人来到饭店后，除了满足基本需求，还希望得到更优质的服务，如个人隐私的保护、人格的尊重、享受个性化需求服务等。这些深层次的要求，往往不只是按标准程序操作规范服务就能完全解决的，而是需要根据客人的国籍、年龄、性别、职业、身份、性格等因素，因人而异、力所能及地提供周到、优质的服务。

（2）周到服务的深层内涵就是个性服务。它要求有超常服务，就是通过超常规的方式满足客人偶然的、个别的、特殊的需求。例如，发现住店客人对于客房赠送的水果，只偏好吃其中的某一种，则可主动为其多提供此种水果。这就要求客房服务员周到细致，要从客人的角度出发考虑问题，根据其不同需要提供针对性的服务。

（3）要想达到周到服务的要求，首先要有良好的服务规范作为基础。个性服务来源于规范服务，但又高于规范服务，两者互为依存、互为促进，个性服务和规范服务并重，更能体现服务的周到性。

4. 耐心服务

耐心服务是指为客人服务不怕麻烦，特别是一些挑剔的客人，把握"客人永远是对的"的宗旨，宁愿自己麻烦千遍，不让客人一时不便。在任何情况下，不急躁、不厌烦，为客人提供优良的服务。即使服务再好也难免听到客人的各种抱怨，但不能不理不睬、敷衍了事，而应妥善处理、耐心倾听，通过多种途径进行自我培养和锻炼，养成良好的修养和习惯。

5. 文明服务

文明礼貌是服务人员职业素质和职业风尚的体现，能使客人的心理需求得到满足。文明礼貌修养可以弥补工作中的不足，也可以为本身就完美的工作锦上添花。

6. 廉洁奉公

坚决维护企业集体利益，不允许私自同客人做交易，不索取小费，更不允许以小费的多少来决定服务态度和服务方式。对于利用职权谋私的人或不符合规章的事要坚持原则，敢于大胆揭发，反对和抵制不正之风。

7. 遵守组织纪律

严格的组织纪律是做好客房服务工作的保证，客房服务人员要有严格的组织观念和集体意识，要服从领导、服从分配，遵守客房的劳动纪律，严于律己、宽以待人。服务中不怠慢、不冲撞客人，提高服务质量，顺利完成客房服务任务，为企业创造良好的经济效益和社会效益。

8. 有正确的世界观和人生观

只有具备正确的世界观和人生观，才能有崇高的理想和踏实的工作精神，才能有满腔热忱的服务精神。

9. 有稳固的专业思想

任何工作需求都是社会需要的体现，因此要充分认识客房服务的重要性。要热爱自己的专业，积极培养对本专业的浓厚兴趣，只有这样才能激励自己努力学习专业知识，奋发向上，开拓创新。

>  **小知识**
>
> 餐饮业职业道德
>
> 　　乐于助人、宾客至上、真诚公道、信誉第一、团结协作、顾全大局，文明礼貌、优质服务，遵纪守法、廉洁奉公，不卑不亢、一视同仁，钻研业务、提高技术，保证食品安全卫生、出品优良。

二、礼节礼貌

注重礼节礼貌是社会主义精神文明建设的需要，更是客房接待服务工作的需要。作为展示社会主义精神文明窗口的客房部，每一位服务人员都要自觉讲究礼节礼貌，严格要求自己，不断提高自身的服务水平，这也是做好服务工作的基本条件。

1. 基本概念

（1）礼节是人们在交往时表示尊敬的各种形式，如表达尊敬、称颂、致意、慰问、庆贺以及给予必要的协助、照料等。常用的见面礼节有鞠躬礼、握手礼、点头致意礼、拥抱礼、双手合十礼等。

> **小提示**
>
> 　　1. 客房服务员在接待服务工作中一般行 30° 的鞠躬礼或点头致意礼，不能主动伸手与客人行握手礼，但当客人对服务工作给予赞扬、感谢客房服务员并主动与客房服务员握手时，客房服务员应伸手相握，以示礼貌。
>
> 　　2. 行鞠躬礼时要立正站好，面带微笑，使用敬语。
>
> 　　3. 行握手礼时，应使用右手，不能戴手套。礼节性握手应控制在 3 s 以内，上下晃动两三下即可，且力度不宜过大，目光要注视对方并使用敬语。
>
> 　　4. 握手时的伸手顺序：男女之间，女士先伸手；上下级之间，上级先伸手；长辈、晚辈之间，长辈先伸手；主人、客人之间，主人先伸手。不可贸然伸手行礼。

（2）礼貌是人们在交往中相互表示敬重和友好的行为规范，可通过语言、表情、行为、态度等来体现。礼貌可分为无声的礼貌行为（如微笑、点头、鼓掌等）和有声的礼貌语言（如讲敬语等）两个部分。

（3）礼仪是表示礼节的仪式，如迎接和欢送 VIP 客人入住的仪式。礼仪是通过礼节、礼貌来体现的。

（4）仪表即人的外表，由服饰、容貌、姿态组成。

（5）仪容主要是指人的容颜容貌。

（6）仪态是指人在行为中的姿势和风度，如工作中的站姿、坐姿、走姿、手势、表情等。

2. 服务工作中礼节礼貌的基本要求

（1）仪表仪容要求

1）服饰。上班时间穿规定的制服，保持整洁、挺括；将制服所有纽扣扣好；拉链拉好；不能挽卷袖口、裤口。皮鞋光亮，绒面布鞋无污渍，以黑色为宜。上班时间不得佩戴除结婚戒指和手表以外的任何饰物，按规定将工牌戴在左胸上方。

2）仪容。头发清洁整齐，不能漂染成彩色。女服务员发型要求为短发或盘发，前额刘海不能过眉，不能使用花色发卡；男服务员发型要求后不过肩、侧不过耳，不能留小胡子、大鬓角。不留长指甲，不涂指甲油。女服务员要淡妆上岗。

（2）仪态要求。与客人交谈时，一般应注视对方鼻眼嘴三角区位置，面带微笑。正确的举止：

1）站姿。挺胸、收腹、梗颈，两眼平视前方，略收下颌，面带微笑，两臂自然下垂，双手体前或背后交叉，右手搭在左手上，双腿绷直。女服务员脚跟靠紧，脚尖分开呈 V 字形站立；男服务员两脚分开与肩同宽，脚尖略呈外八字站立，如图 1-1 所示。

2）走姿。抬头、挺胸、收腹，肩部自然放松，上身保持平稳，身体重心略向前倾，两眼平视，两臂随行走的节奏自然前后摆动，行走路线成直线，如图1-2所示。

图1-1　站姿　　　　　　　　　　图1-2　走姿

3）坐姿。上身保持正直，双目平视，两腿自然弯曲，双膝并拢，双脚平落地面，坐满椅子（面对客人就座时，一般坐椅子的2/3），双手放在双膝上，如图1-3所示。

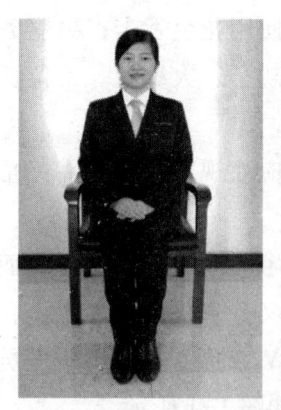

图1-3　坐姿

4）蹲姿。上身基本保持正直，屈腿呈单腿跪姿势，如图1-4所示。

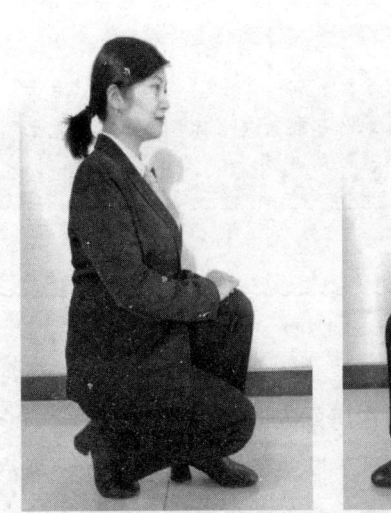

图1-4　蹲姿

5）接递物品。双手接递，注视对方。

3. 礼貌用语的要求

与客人交谈时，要求用语礼貌，谈吐文雅，表达得体。

（1）服务中要使用普通话。

（2）用语礼貌，做到"请"字为先，"谢"字随后，"您好""对不起"不离口。

（3）讲话要把握好语速和音量，以对方能听清为宜。

（4）多用称呼语、迎宾语、尊敬语、谦让语、道歉语、致谢语等，禁用否定语、烦躁语、蔑视语、斗气语。

（5）讲话时，语气要诚恳，语意要完整、准确，讲究艺术性。

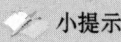 小提示

礼貌地和客人打招呼的小技巧

1. 打招呼可根据当时所处的时间问好，如"早上好""上午好""中午好""下午好""晚上好"。

2. 可按照客人的年龄、性别等称呼客人"先生""小姐""女士""太太"等，也可与客人的姓氏、职位、职称等联系起来称呼，如"方先生""张总""楼主任""蒋小姐""刘教授"等。

【案例1-1】

不要在房间内吃西瓜

饭店住客买回西瓜在房间享用，客房服务员小A见到后，对客人说："小姐，对不起，请您不要在客房内吃汁水较多的水果，如果想吃请到餐厅或大堂去，以免弄脏地毯。"听到小A的提醒，客人非常生气，与其理论起来，甚至要求退房，换到其他饭店去住。对此，客房服务员小B则对客人说："小姐，您好，在房间食用汁水较多的水果容易弄脏您的居住环境，如果您不愿意到餐厅去食用，我们帮您把瓜果切好，再用托盘给您送到房间，可以吗？这样您既食用方便，而且也不会弄脏环境。"客人欣然接受。

评析：同样一件事，从两种不同的角度给出两种解决办法，得到两种截然不同的结果。小A明确告诉客人"不要"，让人感到生硬，而小B则从客人实际利益出发，让客人感受到关心、体贴。可见，客房服务员在按程序为客人提供服务的同时，更要站在客人的立场上妥善用词沟通，注意语言的艺术性。

模块 3　客房部简介

一、客房部的概念

客房部也称房务部、管家部,是饭店管理住宿与接待服务的一个重要部门,主要承担客人住店期间的大部分服务工作,在饭店中的地位十分重要。客房是饭店的基本设施和主体,客房部收入是饭店经济收入的主要来源,客房产品质量是衡量饭店产品质量的重要标志,客房部管理直接影响饭店的运行管理。

> 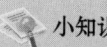　**小知识**
>
> **饭店规模划分**
>
> 拥有 300 间以下客房的饭店为小型饭店,拥有 300~600 间客房的饭店为中型饭店,拥有 600 间以上客房的饭店为大型饭店。

二、客房部的组织机构

1. 组织机构的设置模式

客房部组织机构的设置没有统一模式。饭店通常根据自身的运行机制、管理方式、规模大小、经营性质等设立组织机构,并随着饭店的发展对其进行适当调整。目前,饭店客房部的组织机构设置模式主要有大中型和小型两类,如图 1-5、图 1-6 所示。

2. 各部门的岗位职责

(1)经理办公室。主要负责客房部的日常性事务以及与其他部门的联系、协调等事宜,通常设有客房部经理、经理助理、秘书各一人，早、晚班工作人员若干名。

（2）客房服务中心。主要负责统一安排、协调对客服务工作，掌握和控制客房情况，处理客房部的日常事务工作，如失物招领、客房用品发放、管理楼层钥匙、员工考勤等，并与其他部门进行联系、协调。客房服务中心既是对客服务中心，又是信息中心。不设客房服务中心的饭店通常设客房部办公室。

（3）客房楼层。主要负责所有客房及楼层走道的清洁卫生，客房内设施设备的简单维修、保养，客用品的替换以及为客人提供必要服务等。

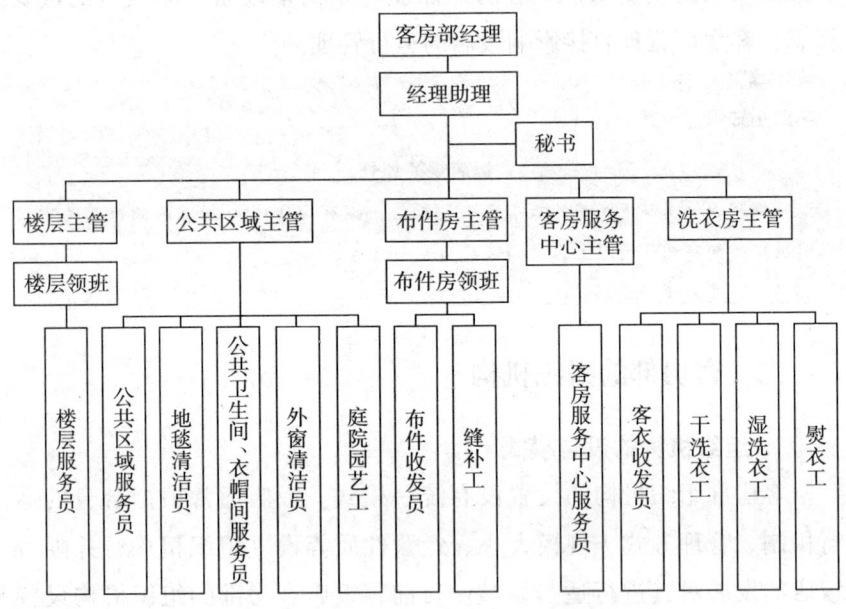

图1-5 大中型饭店客房部的组织机构设置

（4）公共区域。主要负责饭店各部门办公室、餐厅（不包括厨房）、公共卫生间、大堂、通道、楼梯、花园及门窗等公共区域的清

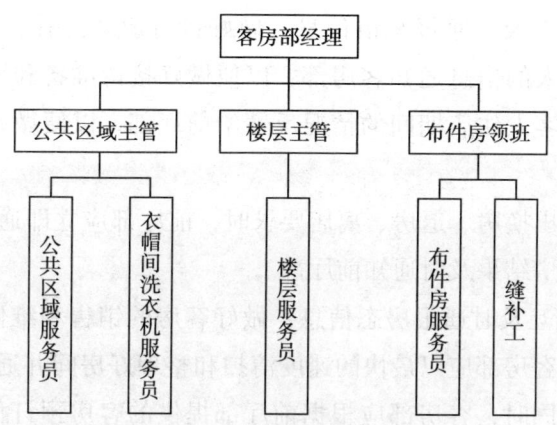

图 1-6 小型饭店客房部的组织机构设置

洁卫生工作。

（5）布件房。主要负责饭店所有布件及员工制服的收发、分类、送洗、储存、缝补等工作。

（6）洗衣房。主要负责所有布件及员工制服的洗涤、熨烫工作，以及客衣洗熨服务。

三、客房部与其他部门的关系

饭店对入住客人提供的接待服务是由多个部门互相配合共同完成的。所以，客房部在日常工作中应与其他部门做好协调工作，保持良好关系。

1. 客房部与前厅部的联系

客房部是提供客房产品的部门，前厅部是销售客房产品的部门，两个部门之间业务联系最多，关系最为密切。

（1）相互及时通报最新房态信息，认真核对房态。客房部应将每日每间客房的使用情况按时填写在房态表上并交前厅部。前厅部将相关内容进行核对，若出现差异情况应及时处理。

(2) 相互及时通报客情信息，做好接待服务工作。客人入住，前厅部将客人的信息通知客房部，以便做好接待准备和服务。客房部要及时将客人住店期间的情况反馈给前厅部，以便做好档案的记录工作。

客人提出换房、退房、离店要求时，前厅部应立即通知客房部，客房部将查房结果及时通知前厅部。

(3) 相互及时通报房态信息，做好客房的销售和维修工作。客人退房后，客房部应以最快的速度清扫和整理好房间并通知前厅部，以供出租；同时，客房部应根据前厅部提供的客房预订信息，合理安排好客房的清洁维修工作。

2. 客房部与工程部的联系

客房部负责客房设施设备的日常保养工作，工程部负责相关的维修事宜，两个部门之间要互相合作。

(1) 设施设备出现故障，客房部应立即向工程部报修，并为维修人员提供必要协助。

(2) 根据客源情况，两个部门相互协调，安排封闭楼层，进行保养维修。

(3) 工程部对客房部员工进行设施设备使用和维修保养的培训指导。

> **小提示**
>
> 客房部与工程部的沟通主要采取填写"客房设备维修通知单"的方式。此单一式三份，两份送工程部（其中一份可作为工程部的派工单），另一份留客房服务中心。也有的饭店一式四份，还有一份送质检部。客房服务员只凭"客房设备维修通知单"为维修人员开门，并等候在房间内直到维修工作结束，验收合格后在维修单上签字。

3. 客房部与餐饮部的联系

客房部负责餐饮部营业场所的清洁保养、餐厅布件的洗涤及员工制服的更换清洗，还要收拾送餐房间的餐具及餐车。餐饮部要配合客房部做好重要客人房间内果篮、酒水及点心的摆放，并为客房小酒吧补充酒水食品。

4. 客房部与安保部的联系

安保部应协助客房部制订安全计划和安全保卫工作制度，对客房部员工进行客房消防知识和安全保卫知识的培训，不定期组织消防安全演习等活动。客房部应配合安保部做好客房安全事故的预防与处理工作。

5. 客房部与人力资源部的沟通与协调

客房部向人力资源部提出客房部人才需求数量和要求，人力资源部依据饭店的实际情况及客房部的用工标准协调人员配置，合理控制人力成本。按照人力资源部或培训部的培训计划和要求，拟订部门培训计划，对员工进行培训。

6. 客房部与财务部的沟通与协调

客房部要与财务部共同做好客房年度费用预算，严格控制成本，配合做好固定资产的登记和管理工作。客房部接受财务部的监督，做好客房物品的清理和盘点工作。

7. 客房部与公关销售部的沟通与协调

客房销售人人有责，尤其是客房部的员工。因此，客房部的员工必须协助公关部做好客房的各项销售工作。公关部也应主动与客房部做好沟通，否则会影响客房部的工作。

【案例1-2】

合作才能共赢

客房服务员小王在日常打扫中发现客房A305房间的抽水马桶

出不了水，需要维修。客人出门前也已告诉小王马桶损坏，要求傍晚回酒店前修好。小王立刻拨打电话通知客房服务中心工程部要求维修。工程部值班的陈师傅问："有没有维修单？"小王回答："你先派人去修，我们马上送单子来。"陈师傅说："你把单子拿来再说，没有单子我们没法维修。"说完将电话挂断了。小王连忙写了一张"急修"的维修单，找人送到工程部报告A305房间需要维修马桶的情况，并填写了报修单。

傍晚，客人就要回酒店了，小王去房间确认马桶是否已经修好，却发现还是原样。小王焦急地拨通工程部的电话，被告知修理师傅正在为另一个空房安装抽水马桶，一时难以抽身。小王正在着急之时，接到了A305房间客人的投诉电话："刚用了抽水马桶，但还是出不了水。你们酒店最起码的用水设施都没搞好，还提什么优质服务？"客人十分生气。小王马上对客人说："饭店正安排师傅去修，请您稍等一下，他马上就到。"半小时后，终于等到了维修师傅，故障也很快排除了。这时小王才放下心来。

分析：饭店服务人员应充分认识到饭店是一个整体，只有各部门共同合作才会使饭店正常运转和发展。不论哪个部门、哪个环节的工作脱节都会影响饭店的正常运转和服务质量，进而影响饭店的效益。饭店中虽然存在部门、班组、岗位的划分，但目标是一致的，即应尽力解决客人的问题，满足客人的需求，从而为饭店赢得忠实的客人。

目前许多饭店将前、后台区分得非常清楚，这是不应该的。因为大家都是服务部门的员工，只有共同努力、互相配合，才会真正实现饭店的目标。没有前台部门，后台部门的工作便失去了意义；没有后台部门的协作，前台部门也无法让客人满意。本案例中由于抽水马桶维修不及时造成的客人投诉，工程部的陈师傅应负一定的责任。

模块 4　客房基本知识

客房是饭店的主体部分，是饭店为客人提供住宿和休息的主要设施，是饭店一种用于出租的产品，是客人的"家外之家"。

一、客房产品的基本要求

客房作为一种产品提供给客人，必须满足以下基本要求。

1. 客房空间

客房空间是客房产品的基础，能体现一定的舒适感，客房等级越高，空间越宽敞。我国星级饭店客房数量与面积要求见表1-1。

表1-1　　我国星级饭店客房数量与面积要求

饭店类别	数量	面积要求
一星级	15 间	无
二星级	20 间	无
三星级	30 间	无
四星级	40 间	70%客房的面积（不含卫生间）不小于 20 m²
五星级	50 间	70%客房的面积（不含卫生间和门廊）不小于 20 m²

2. 客房设备

客房设备一般是指客房内配备的家具设备、电气设备、卫生洁具和安全设备等，用以满足客人在客房生活中最基本的物质需求。

设备要求性能完好,运转正常,便于客人使用和客房服务员操作。

3. 客房供应物品

为满足客人生活起居的需要,饭店根据档次和星级,配置相应的供应物品。客房供应物品包括客用消耗物品、客用租借物品等。

4. 客房卫生

客房卫生是衡量客房产品使用价值高低的重要标志,是客人选择饭店住宿的重要条件。星级不同、档次不同的饭店,其客房卫生的标准基本相同。

5. 客房安全

客房安全是客房产品的重要组成部分。客房区域应为客人创造一个安全的氛围,设置配套完好的安全设施,建立一系列的安全制度。

二、客房的类型

饭店根据自身的档次、经营性质及所处的地理位置,会设置不同种类的客房,以满足不同客人的需求。客房的分类方法有很多种,常见的有以下几种。

1. 按照房间的数量划分

(1) 单间客房。一般是指面积为 $16\sim 20 \text{ m}^2$,且配有卫生间的独立房间。

(2) 套间客房。一般是指由两间或两间以上房间相连通且配有卫生间的房间。

2. 按照单间客房配置的床的规格及数量划分

(1) 单人间。在单间客房内放置一张单人床的房间,现在一般饭店里很少见到此类客房。

(2) 大床间。在单间客房内放置一张双人床的房间,如图1-7所示。

图 1-7　大床间

（3）双床间（标准间）。在单间客房内放置两张床的房间，也是饭店里数量最多的房间类型。房间内床的规格可以是两张双人床和两张单人床，也可以是一张单人床和一张双人床，如图 1-8 所示。

图 1-8　双床间（标准间）

（4）三人间。在单间客房内放置三张单人床的房间，属于经济型客房，如图 1-9 所示。一般高档饭店不设置三人间，如需要合住，可在单间客房内加床。

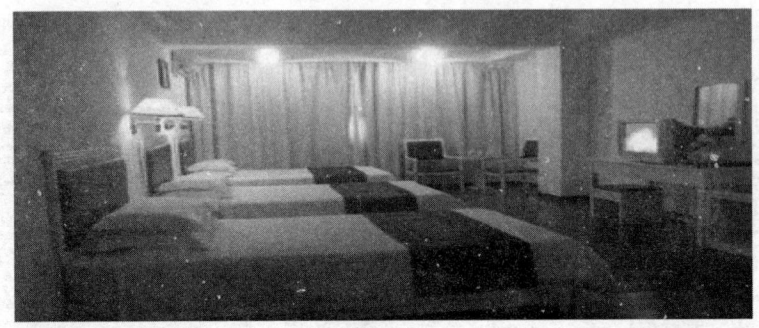

图 1-9　三人间

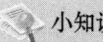 小知识

床的尺寸规格（单位：cm）

1. 单人床：100×200；110×200；120×200；135×200。
2. 普通双人床：150×200。
3. 大号双人床：165×205。
4. 特大号床：180×220。

3. 按照套间的间数及内部装饰布置的档次划分

（1）普通套间（标准套间）。一般由相通的两个房间组成，一间为卧室，另一间为起居室，并配有卫生间，如图 1-10 所示。

图 1-10　普通套间

（2）立体套间。一般是指两层楼套房，两个房间由楼梯连接，一般卧室在上，起居室在下，如图1-11所示。

图1-11　立体套间

（3）商务套间。专门为商务客人设计布置的套房，房内其中一间为小型洽谈室，配有写字台等办公设备及用品，如图1-12所示。

图1-12　商务套间

（4）豪华套间。室内装修豪华，家具设备及用品华丽高雅，可以是双套间、三套间或多套间。一般由卧室、客厅、书房、餐厅、厨房等组成，如图1-13、图1-14所示。

（5）总统套房。一般由五间以上的房间组成，如图1-15～图1-18所示。总统套房内包括起居室、书房、卧室、男女卫生间、办公室、会议室、随员室、警卫室、娱乐室、健身室、餐厅、厨房等房间，甚至还有桑拿浴室、按摩浴池、室内花园、游泳池等。它是饭店最高档次的客房,装饰极为讲究,设备用品价格昂贵,房价极高。一般四星级以上饭店才可设置此类客房。

图 1-13　豪华套间(起居室)　　　图 1-14　豪华套间(卧室)

图 1-15　总统套房(起居室)

图 1-16　总统套房(卧室)

 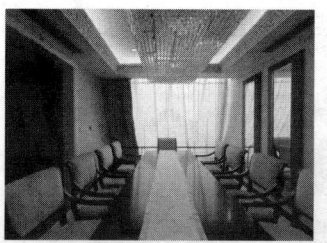

图 1-17　总统套房（卫生间）　　图 1-18　总统套房（餐厅）

4. 按照房间位置划分

（1）角房。房间位于楼层的边角处。

（2）内景房。房间的窗户面向饭店院内，可观赏到饭店内的景色。

（3）外景房。房间的窗户面向饭店院外的景色，如大海、公园、街道等。如图 1-19 所示。

图 1-19　外景房

（4）连通房。两个相邻的独立房间，中间用一个装有门锁的双扇门连通，门打开可作为套间出租，两边同时上锁则仍作为两个独立的房间出租。

5. 主题客房

主题客房是指利用空间、平面布局、光线、色彩、陈设与装饰等诸多要素，运用多种艺术手法设计与烘托某种独特的文化氛围，突出某个主题的客房。如图 1-20、图 1-21 所示。

图 1-20　"梦幻太空"主题客房　　图 1-21　"Hello Kitty"主题客房

除上述类型外，有的饭店还为一些特殊客人设计了特殊客房，如残疾人客房、盲人客房、公寓房、无烟房、女性客房、老年人客房等。

 小知识

新概念客房

全球饭店业的经营难度越来越大，设计师、业主和管理者都绞尽脑汁，既追求标新立异，又讲究舒适实惠，种种新概念客房层出不穷。

某集团曾推出两种新概念客房，即"健身客房"和"精神放松客房"。客房内增设一系列设施，如按摩椅、放松泉池、瑜伽教学视频等。客人的反馈意见是：新奇、舒适、印象深刻，有益于身心健康，睡眠效果好，为此支付稍高一点的房价也值得。

某集团在高档品牌酒店中率先尝试了"高科技好客房"的创新，成为该集团的第一间新概念客房。客房中，床比特大号的还宽，卫生间更大，照明也更好，并且采用可旋转的液晶显示电视屏幕、遥控芳香治疗系统、环绕音响系统和独具创新的三角形陈设，让客人感受到非同一般的舒适、安全和快乐。

某集团商旅酒店成功搭建了智能客房管控系统，通过客房内的智能控制器，对酒店客房的安防、门禁、中央空调、智能灯光、服务系统等进行智能化管理与控制，实现了对客房状态、客人需求、服务状况及设备情况的即时响应，从而极大地提升了服务水平及效率。当客人办理入住手续时，房间内的空调系统会提前开启，客人进入房间时已拥有最佳室温，并且灯光处于欢迎模式。客房空调、电视及灯光会记忆客人的使用习惯，在客人商务活动归来后自动进入最佳状态。沐浴时，门外显示器将提示不便开门。在客人离开酒店前，自动通知前台查房及清理服务。客人离开后房间自动进入定时通风状态。

三、客房的基本功能与布局

客房一般具备睡眠、起居、书写梳妆、储存、盥洗五大功能。根据功能不同，客房空间可划分为五个区域，各区域的主要设备和用品见表1-2。

表1-2　　　　　客房各功能区域的主要设备和用品

功能区域	图示	特点	主要设备	主要用品
睡眠区域	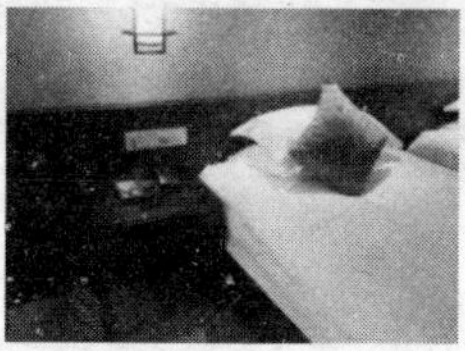	客房中最基本、最主要的空间	床、多控柜（床头柜）、床头灯、夜灯	床上棉织品、一次性拖鞋、方便鞋擦、鞋油、提示牌、笔、便笺纸
起居区域		在客房的窗前区，供客人休息、会客、观景、看电影、饮食等	沙发与茶几或扶手椅与小圆桌、落地灯	茶水具、茶叶、烟灰缸
书写梳妆区域		一般设在睡眠区对面	写字台、座椅、梳妆镜、电视柜、台灯、镜灯、电视机	烟灰缸、文件夹（饭店介绍、安全须知、信封、信纸、笔、服务指南、宾客意见书、针线包、常用电话号码）、洗衣单等

续表

功能区域	图示	特点	主要设备	主要用品
储存区域		设在进门过道处，主要形式是壁柜	壁橱、行李架、小酒柜、小冰箱、保险箱	挂衣架、衣刷、鞋拔子、鞋篮、小食品、饮料、饮料单、洗衣袋
盥洗区域		通常有两种形式：一是盥洗空间兼卫生间，二是独立洗浴间与独立卫生间	洗脸盆、云台、镜子、毛巾架、浴缸或淋浴间、浴帘、马桶（坐便器）、照明灯、排风扇、电话机、吹风机	香皂、牙具、漱口杯、梳子、剃须刀、沐浴液、洗发液、浴帽、卫生间棉织品、棉签、卫生纸、面巾纸

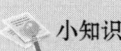

小知识

客房用品的分类

客房用品是指放置在客房中供客人使用的各种物品。

1. 按供应形式划分

（1）客房免费赠品：客人住店时可以使用，离店时可以带走的客房用品。即一次性消耗用品，又称供应品或低值易耗品，如卫生间内除棉织品以外的各种用品、文件夹内物品、一次性拖鞋等。

（2）客房固定用品：客人住店时可以使用，但离店时不能带走的客房用品。即多次性消耗品，又称客房备品，如棉织品、茶水具、水杯、烟灰缸、衣架等。

（3）客房租借用品：客人住店时可以免费租借使用，这些物品一般存放在客房服务中心，如熨斗、熨衣板、电源插座等。

2. 按消耗次数划分

（1）一次性消耗品：供客人一次性使用消耗或离店时可以作为赠品带走的用品。

（2）多次性消耗品：供多批客人使用，但不能让客人带走的用品。

四、客房设备用品的配置

1. 基本设备

客房的基本设备可分为四大类,即家具设备、电气设备、卫生设备、安全设备。这也是客房作为商品的必要条件。

2. 具体配置

客房设备用品的配置见表1-3。

表1-3　　　　　　客房设备用品的配置

设备类别	具体配置
家具设备	床、多控柜(见图1-22)、行李架(见图1-23)、写字台或梳妆台、电视柜、壁橱、沙发与茶几(见图1-24)或扶手椅与小圆桌(见图1-25)
电气设备	照明设备、电话机、电视机、电热水壶、冰箱、空调
卫生设备	洗脸盆、云台、浴缸或淋浴间、马桶、毛巾架、浴帘、镜子
安全设备	安全链、走火图、窥视镜、保险箱、烟感器、报警器、喷淋头

图1-22　多控柜

图1-23　行李架

图1-24　沙发与茶几

图1-25　扶手椅与小圆桌

> **小知识**
>
> 1. 床：由床架、床垫、床头软板三部分组成。
> 2. 多控柜：可分为三部分，最上边的柜平面可用于摆放物品，柜身上半部分是各种照明灯、电视机、叫醒钟、提示灯的控制开关，下半部分用于存放物品。
> 3. 写字台、梳妆台：中小型饭店客房中的写字台、梳妆台一般合二为一并配有座椅，正面墙上设有梳妆镜。
> 4. 沙发与茶几、扶手椅与小圆桌：根据房间的面积、装饰风格、档次进行选配。
> 5. 照明设备：根据所处位置不同，可分为走廊灯、台灯、镜前灯、落地灯、床头灯、夜灯等。
> 6. 云台：在云台边的墙壁上应配有插座和吹风机。

【综合测试】

一、测试内容

客房服务员礼仪规范。

二、测试准备

1. 场地准备：礼仪实训室。

2. 物品准备：沙发椅、靠背椅、高脚凳。

三、考核表

项目	操作要求	分值	得分
头发 （5分）	男士：后不盖领，侧不盖耳 女士：后不过肩，前不盖眼	3	
	干净整齐，着色自然，发型美观	2	
面部 （10分）	男士：不留胡须及长鬓角 女士：化淡妆	5	
	面带微笑，表情自然大方	5	

续表

项目	操作要求	分值	得分
手及指甲（5分）	干净	3	
	指甲修剪整齐，不涂有色指甲油	2	
服装（5分）	工作服整齐干净，无破损、无丢扣，熨烫挺括	5	
首饰工牌（5分）	不佩戴过于醒目的饰物，工号牌佩戴正确	5	
鞋袜（5分）	符合岗位要求的黑色皮鞋，男士深色袜子、女士浅色袜子	3	
	鞋子干净，擦拭光亮。袜子干净、无褶皱、无破损	2	
姿势动作（40分）	站姿规范：手位、脚位正确，整体挺拔优雅	8	
	走姿规范：双臂摆动自然，步幅合适，身体协调优美	8	
	坐姿规范：上身挺直，手部、脚部摆放位置恰当	8	
	蹲姿规范：上身直立，腿部姿势正确、自然协调	8	
	手势规范：手臂自然伸出，手指并拢，指向正确	8	
服务用语（15分）	电梯口迎接客人的礼貌用语	5	
	为客人服务过程中的规范用语	5	
	送别客人至电梯口的礼貌用语	5	
总体印象（10分）	礼貌得体，大方优雅，动作协调，自然不做作	10	
合计		100	

第 2 单元 客房清洁工作

客房清洁工作是客房服务人员最主要的工作内容之一,又称为"做房"。高效的客房清洁工作既能为客人提供一个整洁舒适的居住环境,又能更好地维护设施设备,延长其使用寿命,从而节省饭店的经营成本。客房清洁工作主要包括客房的日常清洁、消毒工作及计划卫生等。

模块 1　常用清洁工具及清洁剂

俗话说"工欲善其事,必先利其器",正确使用合适的清洁工具和清洁剂能让客房清洁工作事半功倍。

一、常用清洁工具

饭店客房部常用的清洁工具可分为一般清洁工具和机器清洁设备两大类。一般清洁工具是指直接手工操作、不需要电力驱动的清洁工具,如抹布、扫帚、簸箕、拖把、手推车、房务工作车、玻璃清洁器等。机器清洁设备通常是指需要电力驱动的清洁设备,如吸尘器、洗地机、地毯清洗机、打蜡机等。

1. **一般清洁工具的使用与保养**

(1)扫帚。扫帚主要用于扫除地面上较大的、无法用吸尘器吸净的碎片和脏物。常见的扫帚种类及特点见表 2-1。

表 2-1　　　　　　　　　常见的扫帚种类及特点

种类	特点	图示	特别提醒
长扫帚	手柄较长,使用时不用弯腰,适用于大面积地面或高处的清洁		使用时,幅度不宜过大,用力不可过猛,以免灰尘飞扬。使用后,应及时清洁扫帚头,可水洗,但洗净后应晾干
短扫帚	手柄较短,单手可操作,灵活方便		
小扫帚	也叫"长毛刷",主要用于掸去家具设备或床垫表面的灰尘		

小知识

手推式扫地机指纯机械传动且免维护的一种清洁工具(见图 2-1),无须动力源,只需要步行推着就可以将垃圾回收到集尘箱内,使清扫与收集同时完成,工作效率高。手推式扫地机的特点是:

1. 使用方便:步行推着就可以将垃圾轻松回收到集尘箱内。
2. 无须任何动力源:纯机械传动,无须电池、柴汽油等动力源。

3. 维护简单：全机身用水冲洗即可，无须更换电池等。
4. 省工省力高效：清扫与收集可同时完成，扫地效率是人工的4~6倍。
5. 经久耐用：整机采用工程塑料制造，耐腐蚀、耐老化、不易变形。
6. 储运方便：手提把手方便搬运，直立存放省空间。
7. 损耗小：主刷和双侧高度可以调节。保证工作效率的同时最大限度地减少损耗。

图 2-1　手推式扫地机

（2）簸箕。簸箕可分为敞口式簸箕和提合式簸箕两种，如图 2-2、图 2-3 所示。敞口式簸箕最为常见，使用方便，价格便宜。提合式簸箕是盖子和簸箕体连动的，提起柄后盖子即自动关闭，放下则打开，这种簸箕较为美观，使用方便，适用于巡回清扫。

图 2-2　敞口式簸箕　　　　　图 2-3　提合式簸箕

（3）拖把。拖把是清洁地面最常用的工具之一，适用于平整光

· 33 ·

滑的地面。现在市面上的拖把种类越来越多,其优缺点详见表2-2。

表2-2　　　　　　　　常用拖把的种类及优缺点

种类	优点	缺点	图示
棉布（线）拖把	最传统的拖把种类,价格低廉。拖把杆可分为塑料杆、木杆、金属杆三种,拖把头多由吸水棉布条或棉线条等绑成,清洁力强	清洗比较麻烦,且有些布条吸水性不强。棉质的拖把头不容易干,易产生异味和滋生细菌。此外,掉毛也是很大的问题	
胶棉拖把	采用PVA（聚乙烯醇）胶棉制作拖把的清洁头,具有超强吸水能力,操作方便,清洁时只需要将胶棉浸在水中轻拉几下拉杆,污水即可排出。清洗后的胶头可自然干燥硬化,能防止细菌滋生	对毛发的吸附能力弱,不宜擦拭油脂以及化学类的污垢。此外,对于边角的清洁能力也欠佳,碰撞后脏水易被压出	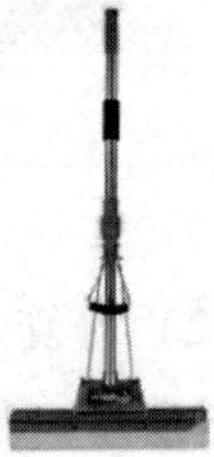
甩桶拖把	采用吸水良好的纤维布,并配有水桶和拧干器,操作方便,无须用手接触拖把头。拖把小巧轻盈,好用不费力	拖把头比较小,清洁较大面积的房间时,比较费力	
尘推拖把	拖把头采用平板设计,能让底板和地面充分受力。适用于各种高档地面,如大理石、木地板等地面的除尘清洁,操作简单,省时省力,除尘力强,地面可长时间保持光亮清洁	需要配合牵尘剂使用,当拖把头沾满尘土后,要用刷子清洁后才可继续使用	

第2单元 客房清洁工作

> **小提示**
>
> 尘推拖把（又称干式拖把），因其优点突出，被广泛应用于商场、饭店大堂、高档写字楼的日常清扫保洁。尘推拖把的基本操作要领如下：
>
> 1. 提前一天喷牵尘剂。尘推拖把的工作原理是利用拖把头与地面摩擦时产生的静电将灰尘吸起，操作前可以使用牵尘剂来增加静电的产生。喷完牵尘剂后应静置4 h以上，待拖把干透后使用。因此，这项工作可以在使用尘推拖把的前一天完成。
>
> 2. 沿直线推尘。尘推拖把不可离地，不可来回拖拽，可沿S形路线进行。
>
> 3. 推尘时，来回路线要重叠1/4以防漏擦。
>
> 4. 拖把头沾满尘土时，要将尘推套放在垃圾桶上用刷子刷干净后再使用。
>
> 5. 地面上有水迹或污渍时，要先用毛巾或卫生纸清洁干净再用尘推拖把推尘。
>
> （尘推拖把的使用讲解视频可扫描封底二维码查看。）

（4）玻璃清洁器。玻璃清洁器主要用于清洁玻璃、镜面和其他光滑的表面，一般由伸缩杆、T形手柄、橡皮刮条、海绵条和刮刀等组成。伸缩杆可调节长度，手柄上可分别装上海绵条、橡皮刮条或刮刀，以处理不同程度的污渍。它解决了高处和外侧玻璃难于清洁而且操作不安全的问题，

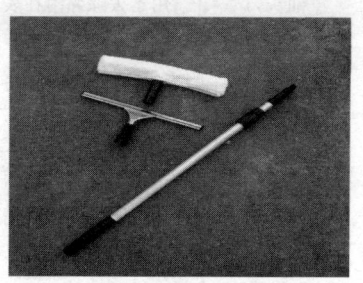

图2-4 玻璃清洁器

大大提高了效率。玻璃清洁器在使用后应将各部件拆卸，经清洁擦拭干净后分开存放，如图2-4所示。

（5）工作车。工作车是用于运载和存放物品的工具，可以减轻客房服务员的劳动强度，提高工作效率。根据客房需要，可配置不同的工作车，如房务工作车（见图2-5）、拖地车（见图2-6）、棉

织品车等。

 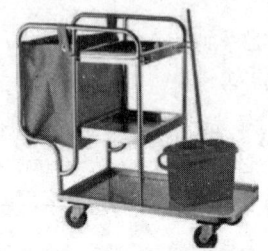

图 2-5　房务工作车　　　　图 2-6　拖地车

（6）其他清洁工具。其他清洁工具主要是指一些辅助性的小工具，具体见表 2-3。

表 2-3　　　　　其他清洁工具的种类及用途

种类	用途
抹布	除尘、除渍最常用、最简单的工具
油灰刀	用于去除黏附在表层上的污物，如图 2-7 所示
刷子	客房部常用的刷子很多，如地刷、浴缸刷、马桶刷、窗沟刷等。工作中，应根据需要配备并合理使用
鸡毛掸子	用于去除高处的灰尘
撅子	用于疏通便器的简易工具，如图 2-8 所示
喷雾器	用于装盛并喷射清洁剂或水

图 2-7　油灰刀　　　　图 2-8　撅子

> ✎ 小提示
>
> 抹布使用的注意事项:
>
> 1. 为防止抹布交叉使用,应把抹布制成不同尺寸或不同颜色。
> 2. 为达到更好的除尘效果,抹布可以用牵尘剂处理后使用。
> 3. 为提高工作效率,可将抹布折叠使用。
> 4. 为保证抹布的卫生质量,最好由洗衣房统一洗涤。
> 5. 为保证抹布的周转,杜绝用客用毛巾当抹布,抹布的配备数量应尽量充足。

2. 机器清洁设备的使用与保养

(1) 吸尘器。吸尘器的适用范围很广,既可以清理地板、地毯、家具、床垫、沙发垫、窗帘等处的灰尘,又可以吸除缝隙、墙角、各种摆件上不易清除的尘土,而且操作时不会使尘土飞扬。根据结构的不同,吸尘器可分为桶式吸尘器、立式吸尘器、混合式吸尘器等,见表2-4。

表 2-4　　　　　　　　　吸尘器的种类和特点

种类	特点	图示
桶式吸尘器	容量大、吸力强,可吸尘也可吸水,适用于多种清洁场景。缺点是机身相对较大,操作不便,使用时会伴有较大的噪声	

续表

种类	特点	图示
立式吸尘器	采用立体化的设计，占地面积小，收纳方便；操作时随停随走，使用方便。缺点是比较笨重，不适合清洁高处或狭窄的地方	
混合式吸尘器	既配有储水桶，又配有集尘袋；既能吸水，又能吸尘。在功能上，兼具以上两类吸尘器的优点	

小提示

吸尘器的维护与保养：

1. 吸尘器在使用前，应仔细检查各部件是否完好，集尘袋是否干净、干燥。
2. 若不是干湿两用吸尘器，绝不可用来吸液体、黏性物质和金属粉末。
3. 不能用吸尘器吸烟蒂、碎玻璃、钉子等尖锐物品，以及大块的纸团、石块、棉花团等。
4. 吸尘器堵塞时不能继续使用，以免增加吸尘器的负荷，烧坏电动机。
5. 吸尘器连续使用时间一般不要超过 1 h。
6. 不可用湿手操作吸尘器。
7. 每次使用完毕，应先切断电源，然后清除集尘袋。吸尘器的集尘袋可定期清洗，洗后要晾干。
8. 吸尘器及其配件一般可用湿抹布擦拭清洁，切忌使用含有苯、汽油的溶液擦拭。
9. 根据吸尘器的使用频率，应定期添加轴承润滑油。

（2）洗地机。洗地机又称擦地吸水机，集喷、擦、吸于一体，可进一步完成擦洗地面的工作，适用于硬质地面的清洁，如图2-9所示。

（3）打蜡机。打蜡机用于地面的打蜡、抛光和擦洗，如图2-10所示。打蜡机的转速可以调节，且配有不同用途的地盘垫。洗地时调低转速，采用硬质底盘垫。打蜡、抛光时调高转速，采用细软底盘垫。

图2-9 洗地机

图2-10 打蜡机

> 小提示
>
> 打蜡机使用注意事项：
>
> 1. 打蜡前，必须将地面的灰尘、砂砾清除干净。
> 2. 打蜡时，根据地面材料的不同，选用合适的蜡。
> 3. 打蜡时，落蜡要均匀，每行进1 m，喷蜡一次，上下行间互叠10 cm，以防遗漏。
> 4. 抛光时，推进速度以50 m/min为好，要反复操作，直到地面光亮。
>
> （打蜡机的使用讲解视频可扫描封底二维码查看。）

（4）洗地毯机。洗地毯机是地毯清洁保养不可缺少的设备，适用于饭店使用的一般有两种，即干泡洗地毯机和喷吸式洗地毯机，详见表2-5。

表2-5　　　　　　　　洗地毯机的种类和优缺点

种类	优点	缺点
干泡洗地毯机	对地毯损伤很小，洗后不易变形，适用于绝大多数地毯，尤其适用于不太脏的地毯和纯羊毛地毯。洗后不影响地毯的使用，基本能够即洗即用	去污能力不强
喷吸式洗地毯机	洗涤力强，去污效果好	对地毯的损伤比较大，而且洗过的地毯不能马上使用，需要较长时间晾干

小提示

洗地毯机使用注意事项：

1. 清洗地毯前，必须先用吸尘器或地毯除渍剂对地毯进行除尘除污处理。

2. 操作时机器的走向由左至右，速度保持在40 m/min，要来回刷洗3~4次，行与行间互叠10 cm，以防漏洗。

3. 机器在使用时若出现异常，应立即停止运行，进行检查。

4. 机器使用后，必须将配件拆下单独摆放，将机器底部架空。

5. 机器必须由专业人员定期维修保养，其他人员不得随便拆卸。

6. 洗地毯机洗不到的边角处，可用毛刷手工擦洗。

7. 地毯清洗后应用吹干机吹干后方可使用。

二、清洁剂

在客房清洁工作中，选择合适的清洁剂并正确使用，不仅能消除或降低污染物的附着力，提高工作效率，还能在家具设备表面形成一层保护膜,在一定程度上美化了家具外观,延长了使用寿命。清洁剂的酸碱性通常用 pH 值来表示:pH<7 的清洁剂,称为酸性清洁剂,且 pH 值越小,酸性越强;pH=7 的清洁剂,称为中性清洁剂;pH>7 的清洁剂,即为碱性清洁剂,且 pH 值越大,碱性越强。

1. 酸性清洁剂

饭店常用酸性清洁剂的种类及用途见表 2-6。

表 2-6　　　　　饭店常用酸性清洁剂的种类及用途

种类	pH 值	用途	特别提醒
浓盐酸	1	可中和碱性污渍,能清除水泥、石灰斑垢和沉积的水垢	强酸有毒,有腐蚀性,所以不可常用,且使用时必须按要求稀释,使用者要做好防护措施,使用后要彻底漂洗干净。强酸性清洁剂不得用于地毯、木器和金属器皿的洗涤
草酸	2		
醋酸	3	可清除木质家具上的污渍	
柠檬酸	3	可中和碱性物质,能用于清除木质家具上的污渍,以及金属除锈	
过氧化氢漂白剂(也称双氧水)	3~4	可清除任何软、硬物体表面的污渍并漂白	
马桶清洁剂	3~4	清洁卫生间马桶以及小便器等,可除臭杀菌	
硫酸钠	5	可中和尿碱,用于卫生间便器的清洁,还能消除轻度水垢,但不能经常使用且必须少量使用	
消毒剂	5~9	主要呈酸性,可作工作间的消毒剂,也可用于杯具消毒,但一定要清水漂净	

2. 中性清洁剂

化学上把 pH=7 的物质称为中性物质,而在商业上,则把 6≤pH<8 的清洁剂都称为中性清洁剂。中性清洁剂配方温和,不腐蚀、不损伤物品,可起到清洗和保护被清洗物品的作用,适用于多种物品的清洁保养,如去除家具表面污垢、油渍、化妆品残留等,具有

防霉功效。饭店常用的中性清洁剂种类及用途见表2-7。

表2-7 饭店常用的中性清洁剂种类及用途

种类		用途	特别提醒
多功能清洁剂		可去除油污，防止家具生霉，对物体表面损伤少，常用于家具的清洁保养	缺点是无法或者很难去除积聚严重的污垢
洗地毯剂	高泡	用于干洗地毯	
	低泡	一般用于湿洗地毯，用温水稀释后使用去污效果更好	

3. 碱性清洁剂

碱性清洁剂的pH值为7~14，它对油类和酸性污垢具有很强的清洁效果。由于碱性清洁剂有很强的腐蚀性，使用时应稀释，使用后应用清水漂洗。为了保证使用者的安全，使用时要戴防护手套。饭店常用的碱性清洁剂种类及用途见表2-8。

表2-8 饭店常用的碱性清洁剂种类及用途

种类	pH值	用途	特别提醒
玻璃清洁剂	7~10	可去除玻璃上的污渍，能在玻璃表面留下透明保护膜，并留有香味，省时省力	一般应稀释后使用，当遇到较难清洁的表面或污渍太厚时，可适当提高浓度
家具蜡	8~9	具有防静电、防霉、去油污的作用，使用后能在家具表面形成透明保护膜	使用时，将适量家具蜡倒在家具或抹布上，擦拭一遍以清洁家具
起蜡水	10~14	碱性强，可使陈蜡及脏垢浮起而达到去蜡效果，适用于需要重新打蜡的地面	使用过起蜡水的地面应反复漂洗干净后才能再次打蜡

> **小提示**
>
> 使用家具蜡的注意事项:
> 1. 上家具蜡前,应将家具表面清洁干净。
> 2. 家具蜡的用量应适中。
> 3. 擦拭时,要选用细软的抹布。
> 4. 不能加水使用。
> 5. 注意防火。
> 6. 使用后,拧紧盖子,避光保存,防止其挥发。

4. 上光剂

上光剂能在物品表面形成坚硬的防护表层,既可以降低污物在物体表面的附着力,又可以有效防止物体被硬物划伤,还能在物体表面形成光亮的保护膜,从而美化物体。饭店常用的上光剂有擦铜水、金属上光剂、家具蜡、地面蜡等,详见表2-9。

表2-9　　　　饭店常用的上光剂种类及用途

种类	用途	特别提醒
擦铜水	主要用于氧化铜制品表面的铜锈而达到清洁光亮的效果	只能用于纯铜制品,不可用于镀铜制品
金属上光剂	有除锈、去污、上光的功效,主要用于金属制品,如水龙头、卷纸架、浴帘杆、毛巾架、锁把、扶手等	金属上光剂只能用于金属制品
家具蜡	家具蜡是一种碱性清洁剂,既有清洁功能,又有上光的作用,因此也属于上光剂	使用家具蜡清洁15 min后,擦拭第二遍,作用是上光

续表

种类		用途	特别提醒
地面蜡	底蜡	用于地面打蜡的第一层，内含填充物，可堵塞地面表层的细孔，防止污垢进入地面材料中	地面蜡可分为水性和油性两大类。塑料地板、橡胶地砖、大理石和水磨石地面一般用水性蜡，木质、水泥、石料地面一般用油性蜡。油性蜡易变暗，可经常打磨使其恢复光亮
	面蜡	增加地面光洁度和反光强度，可使地面更美观	

5. 溶剂

溶剂适用于干洗和局部除渍，能有效清除怕水物品表面的油脂和蜡渍等，饭店常用的溶剂种类及用途见表2-10。

表2-10　　　　饭店常用的溶剂种类及用途

种类	用途	特别提醒
地毯除渍剂	专门用于清除地毯上的特殊斑渍，如果汁色斑、油脂类斑、口香糖等。尤其适用于怕水的羊毛地毯	溶剂挥发性强，气味浓烈，易燃、有毒。因此，应在通风良好的环境中使用，要少量存放，隔绝火种。为防止损伤皮肤，使用前应在手上涂抹防护膏，使用时戴上防护手套
酒精	主要用于电话机的消毒	
牵尘剂（静电水）	浸泡尘推拖把，可用于大理石、木质地面的日常清洁和维护，除尘效果明显	

6. 其他清洁剂

（1）除臭剂。具有杀菌、去异味、留香的功能，常用的有空气清新剂、马桶除臭剂等。

（2）杀虫剂。能杀死苍蝇、蚊子、蟑螂、臭虫、蚂蚁、老鼠等。

模块2　客房日常清扫

客房状态简称为"房态"。不同房态，其卫生状况和清扫的具体要求也会有所不同。房态的主要类型及其表示见表2-11。

表2-11　　　　　　　房态的类型及其简称

房态名称	表示	含义
住客房	OCC	有客人租住的房间
走客房	C/O	客人已结账离店的房间
贵宾房	VIP	重要客人所住的房间
空房	V	前一天无人租用的干净房间
请勿打扰房	DND	住客因各种原因不愿意被服务人员打扰的房间
请即打扫房	MUR	住客因各种原因需要服务人员立即打扫的房间
未清扫房	VD	尚未经过打扫的空房
已清扫房	VC	已清扫完毕，可以出租的房间，也叫"OK房"
准备退房	E/D	该住客将在当天12点前退房，而目前尚未退房
长住房	LS	长期由客人包租的房间，又称"长包房"
加床房	E	该客房有加床
外宿房	S/O	该房已被出租，但住客前一夜未归
轻便行李房	L/B	该住客所带行李很少
无行李房	N/B	该住客无行李
保留房	BLOCK	饭店为重要客人、对客房有特殊要求的客人或大型会议团队客人提前预留的房间
维修房	OOO	该客房设施设备发生故障，暂不能出租，需要维修
续住房	S	住客当日未退房，又继续住宿的房间
免费房	Comp	该客房已出租，但客人不付租金
双锁房	D/L	因各种原因被加锁，客人和客房服务员不能进入，须经饭店管理层确认并授权后方可开启的房间

服务人员在拿到工作单后,应仔细阅读,核实好自己所负责的每间客房的房态。按照住客和总台的特殊要求来确定清扫顺序,并根据不同的房态,确定清扫整理标准。客房的清扫标准和具体要求见表2-12。

表2-12　　　　　　客房的清扫标准和具体要求

清扫标准	具体要求	房态
简单清扫	一般只需要给房间通风,拂去家具设备上的灰尘,放出水龙头里的陈水,为地面吸尘等,或按事先签订的协议进行清洁整理	V
		OOO
		LS
一般清扫	按规定清扫整理客房,按客人要求更换毛巾,补充所缺客用品,以营造舒适的住宿环境	OCC
		MUR
彻底清扫	按规定彻底清扫整理客房,更换所有毛巾和棉织品,补充所缺客用品,并做好消毒工作,以便接待新的客人	C/O
		VD
特殊清扫	在彻底清扫的基础上,优先安排清扫整理,并按"VIP接待通知单"的要求进行布置	VIP

【案例2-1】

能不能先帮我们打扫?

酒店1808房间的张先生,是一位杭州的商务客人。这天早上9点,他要在房间里接待一位来自国外的客人,谈些生意上的事情。早晨起来后他发现房间很脏乱,急需整理,于是想叫一位客房服务员来打扫。打开房门看到正在走廊另一头工作的客房服务员,赶紧向她说明了请求。客房服务员听完后面露难色地说道:"先生,很抱歉,我们主管说了,清扫房间要按照顺序从1号房间开始打扫,到您的房间估计要10点多吧,还请您耐心等候。"张先生看着为难的客房服务员说:"那能不能变换一下顺序呢?先帮我打扫一下。"客房服务员礼貌地回答:"为保证工作效率,给客人提供更好的服务质量,我们必须按照规定操作,否则要扣钱的。"看着一脸无辜的客房服务员,张先生苦笑着摇摇头,走开了。

问题:客房服务员的做法有不妥吗?如何看待酒店的规定与客人的要求相冲突?

分析:客房服务员在工作中一定要灵活机智地处理每件事情,把客人的需求放在首位。本案例反映出酒店管理上的问题。员工培训方面,管理人员片面强调客房服务员要执行规定和按程序操作,却忽略了服务的灵活性,导致客人的正常需求得不到满足,更谈不上提供优质服务了。

小提示

确定清扫顺序一般应优先考虑满足住客的需要,然后考虑是否有利于客房的销售,同时也要考虑提高客房服务员的工作效率和饭店客房设备用品的维护保养。

客房的清扫顺序没有绝对的标准,往往要根据具体情况临时确定,而且随时可能调整。通常可按以下顺序打扫。

1. 一般情况下应按以下顺序打扫:
MUR→总台临时通知要打扫的房间→VIP→C/O→OCC→LS→V。

2. 客房销售紧俏时,清扫顺序可稍作调整:
总台临时通知要打扫的房间→V→C/O→MUR→VIP→OCC→LS。

本模块以走客房、住客房和空房三种最具代表性的房态为例,阐述客房日常清扫工作。

一、走客房清扫

对客人刚刚结账退房的房间进行清扫，应做到快速、彻底，以保证客房的正常出租。一般应先清扫卧室，再清扫卫生间，并且对茶水具和卫生间各部位要进行严格的消毒。

1. 卧室清扫

走客房卧室的清扫流程如下：

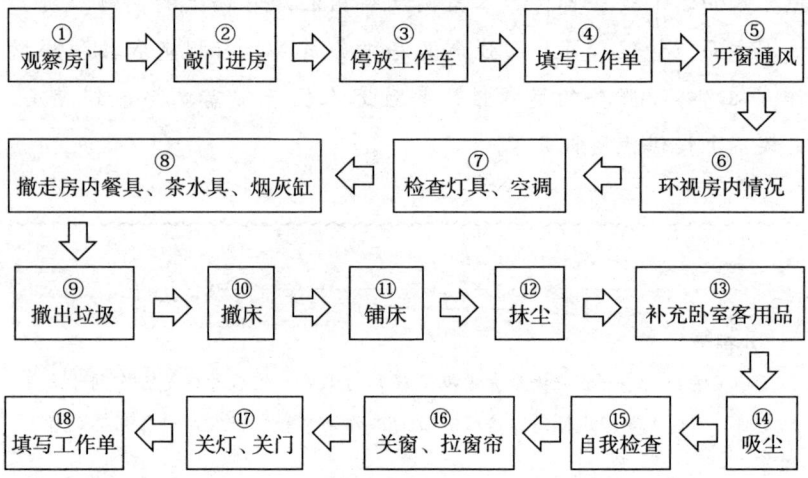

（1）观察房门。客房清扫工作被称为"暗"的服务，即清扫服务应尽量避开客人进行，以免影响客人的休息。因此，客房服务员进房清扫前，应观察房门上是否挂有"请勿打扰"牌或"请勿打扰"的指示灯是否亮起。客房门前提示灯如图2-11所示。

a)　　　　　　　　　　b)

图2-11　客房门前指示灯
a）请即打扫　b）请勿打扰

一般情况下，客房服务员应尊重客人的意愿，不要打扰客人，但应做好登记工作，并时刻关注该房间的动向，随时准备提供清扫服务。做到既为客人提供安静的休息环境，又不影响客房的清扫工作。

> **小提示**
>
> 对于长时间挂有"请勿打扰"牌的房间，客房服务员应谨慎对待：
>
> 1. 若中午12点后（有些饭店是14点后），客人仍未取消"请勿打扰"，应请示领班。
> 2. 由领班或房务中心通过电话与客人取得联系，征求客人意见是否需要打扫房间，最后应向客人表示歉意。
> 3. 若房内无人接听电话，可以按门铃或敲门，并自报身份；若客人在房内，则应主动表示歉意，说明来意。
> 4. 若打电话、按门铃或敲门后，房内均无反应，应向部门经理汇报，经同意，用钥匙打开房门查看，以防发生意外。

（2）敲门进房。任何服务人员在任何情况下进入客房，均应敲门通报并征得客人同意。客房服务员敲门进房的操作流程见表2-13。

表 2-13　　客房服务员敲门进房的操作流程

操作步骤	操作要求	注意事项
观察门外情况	（1）观察房门外有无"请勿打扰"标志 （2）观察有无客人在房内，判断是否方便打扫	（1）挂有"请勿打扰"牌或"请勿打扰"指示灯亮起时，不能贸然敲门进房 （2）绝不能将耳朵贴在客房门口听房内动静
第一次敲门通报	（1）站在门前合适的位置 （2）按响门铃，或手指微曲用食指和中指关节在门上轻敲三下，并通报"客房服务员"	（1）注意敲门的礼节，绝不能用拳头砸门或用手掌拍门等 （2）要注意敲门的力度适中，声响适度，有节奏感 （3）有些饭店要求客房服务员不能使用敲门的方式，因为敲门声会影响附近房间的客人 （4）通报时，注意语音语调优美，音量以能让房内客人听见为宜
第一次等候	（1）站在门前 50 cm 左右的位置，微笑注视窥视镜 （2）注意倾听房内是否有客人回应，若有，应后退半步并主动回答："您好，客房服务员。请问可以……吗？" （3）若无人回应，则进行下一步	（1）等候时间一般为 3~5 s （2）切勿立即用房卡开门，或连续敲门
第二次敲门通报	若房内无人应答，再次敲门通报，和第一次的方法相同	可适当加重敲门的力度，并适当提高声量
第二次等候	操作要求与第一次等候相同	注意事项与第一次等候相同
开门	（1）若仍无人应答，用房卡打开房门 （2）将房门推开 1/3	切忌用力过猛或直接将房门全部打开，以防房间里有客人在休息或挂有防盗链

续表

操作步骤	操作要求	注意事项
再次敲门通报	（1）房门保持打开1/3的状态，一手拉住门把手，一手在房门上再次轻敲3下 （2）再次通报，并询问可否进入房间 （3）若无客人回应，可进行下一步	（1）如推门后发现有客人在房内休息，就不应再次敲门通报，而应立即退出房间，轻轻关上房门 （2）若发现已经打扰了客人，要说"对不起"，然后退出房间，轻轻关上房门 （3）切忌慌乱惊呼，讲话声音要平稳、清晰
进房	（1）将房门推开，并用顶门器支好 （2）将房卡插入取电槽取电	推门姿态自然大方，切忌用力过猛

（3）停放工作车。工作车是客房服务员清扫房间时运载物品的重要工具。客房服务员在清扫客房时，应将工作车停放在将要清扫的客房门口，开口的一面朝向客房。这样既方便客房服务员操作，又能提示正在清扫，同时也有利于工作车上物品和客房内财物的安全。工作车准备的操作流程见表2-14。

表2-14　　　　　　　　工作车准备的操作流程

操作步骤	工作要点
擦拭工作车	（1）用湿抹布将工作车内外擦拭干净，再用干抹布擦干 （2）检查工作车是否完好
挂好干净的垃圾袋和布件袋	（1）将干净的布件袋和垃圾袋挂在工作车前后两端的挂钩上 （2）注意挂紧
摆放干净的布件	（1）床单、被套、枕套等床上布件放在工作车的最下层 （2）"四巾"，即面巾、小方巾、浴巾、地巾（有些高档饭店有"五巾"，即在"四巾"以外，再增加一块大浴巾），放在工作车的中间层

续表

操作步骤	工作要点
摆放客房用品	客房用品分类整齐摆放在工作车最上层
准备清洁用具	（1）将清洁桶或清洁盆放在工作车最下层的外侧 （2）桶内放各种清洁剂、消毒剂、清香剂以及各类清洁工具，如干湿抹布、海绵、马桶刷、浴缸刷、玻璃刮刀等
工作车准备完成	（1）清洁整齐，美观大方 （2）物品齐全，摆放有序 （3）重心在下，推行平稳 （4）布件袋和垃圾袋系紧扎稳

> **小提示**
>
> 工作车物品摆放的基本原则是重物在下，轻物在上；大件在下，小件在上；贵重物品在下，价格低廉的物品在上。这样摆放，既有利于工作车保持稳定，又能较好地防止贵重物品丢失。不同的饭店，根据自身情况，工作车的物品摆放会有一些差异。比如，有的饭店做客房清洁时，会单独推一辆棉织品车，用来摆放床上用品；工作车的最下层用来摆放从客房撤出来的脏杯子和消毒过的干净杯子，中间层摆放一次性拖鞋、干净抹布等物品。总之，饭店应根据自己的实际情况规定工作车的物品摆放细则。
>
> 工作车的物品放置如图2-12所示。
>
>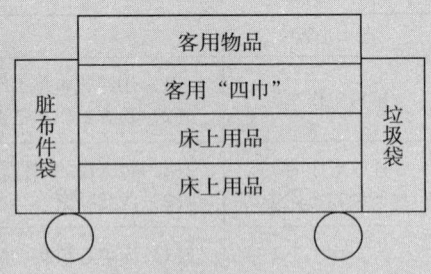
>
> 图2-12 工作车的物品放置

（4）填写工作单。客房服务员在每日的清晨例会上，接受领班或主管的检查，并接受各自的工作任务，并收到一张"客房服务员工作单"，见表2-15。一般工作单上已注明客房服务员姓名、当班楼层、负责打扫的客房房号、每个房间的房态、特殊任务或要求等。客房服务员应认真填写工作单上的各项内容，这不仅可以加强对员工日常工作的监督，也有利于对客房用品和设备等的管理。

（5）开窗通风。客房服务员进入客房后，应先拉开窗帘，打开窗户，保持房间内光线充足，空气流通。拉窗帘时，不能用力过猛，同时，检查窗帘有无脱钩、损坏等情况。

（6）环视房内情况。快速环视房间，检查有无客人的遗留物品，同时检查房内设施设备和物品有无损坏、缺失等情况。如发现有物品损失，应立刻汇报领班评估损失程度，然后报总台客赔。

（7）检查灯具、空调。开始打扫卫生前，先检查室内灯具是否完好，然后关掉所有的灯，这样做一方面是为了保证客房服务员的操作安全，另一方面也可以节约用电。

若房内的窗户未打开，为保持室内空气流通，应将空调的风速调至最大挡；若房内的窗户已打开，从节约用电的角度考虑，客房服务员应关掉空调。

（8）撤走房内餐具、茶水具、烟灰缸。若客房内有客人用餐后未及时撤走的餐具、餐车，应把它们撤出房间，并通知餐厅及时收走。撤出餐具、餐车时，注意不可损坏餐具，不可将食物或饮料洒落在地毯上。将客人用过的茶水具倾倒干净后撤出，放在工作车上，统一到工作间清洗和消毒。将烟灰缸内的烟灰小心弄湿并倒入垃圾桶，烟灰缸可以在卫生间内清洗干净。

表 2-15　　　　　　　　　客房服务员工作单

　　　　　　　　　　　　　　　　　　　　　　　　　　　　　早班_____
　　　　　楼层_____　姓名_____　日期____月____日　　　中班_____
　　　　　　　　　　　　　　　　　　　　　　　　　　　　　晚班_____

序号	房态	清扫时间		补充消耗品														备注	特殊任务或要求
		入	出	床单	枕套	浴巾	面巾	地巾	小方巾	拖鞋	茶叶	信封	香皂	牙具	浴帽	洗发液	沐浴液	卫生纸	……		
001	OCC																			VIP	当日计划卫生
002	VD																				
003	C/O																				
004	OOO																				
005	LS																				
006	V																				
……																					

（9）撤出垃圾。将垃圾桶内的垃圾取出，扔到工作车的大垃圾袋里，并将垃圾桶在卫生间内洗净抹干，套上干净的垃圾袋后，放回原位。收拾垃圾时应注意：

1）进行垃圾分类，将可回收垃圾另外放置。

2）不可直接将手伸进垃圾桶翻捡垃圾，防止刀片、玻璃等划伤手部。

3）留意查看垃圾桶内有无客人误投、误放的有用物品。

（10）撤床。撤床的动作：服务人员站在床尾，双脚一前一后，同时身体半蹲,将床架连同床垫一起拉出约 50 cm。将客人用过的被套、床单、枕套逐一撤下,并注意一一轻抖,仔细查看是否挟裹客人的物品,有无污渍或破损。检查无误后,将撤下的床品放到工作车的布件袋中,并拿取同规格、同数量的干净床品,准备铺床。(撤床讲解视频可扫描封底二维码查看。)

撤床的流程如下:

(11)铺床。铺床主要有中式铺床和西式铺床两种方式。由于中式铺床操作更便捷,客人的体验也更舒适,因此现在国内的饭店更多采用中式铺床的方式。以一张单人床为例,中式铺床操作流程见表 2-16。(中式铺床讲解视频可扫描封底二维码查看。)

表 2-16　　　　　　　　中式铺床操作流程

操作步骤	操作流程	标准和技巧	图示
准备工作	整理床垫,把床垫上的褥子铺平拉紧,清除上面的头发等杂物	褥子若有污渍或破损,必须更换,新换的棉织品也应仔细检查	
套枕套	将枕套平铺于床面上,开口向上并朝向自己,将枕芯对折,抓住枕芯的 1/3 处,将它塞进枕套,并把两角推至顶部,提起枕头用力抖动,使整个枕芯完全塞进枕套,将塞好的枕头放在一边备用	枕芯四角到位,四边与枕套边沿契合,整个枕头饱满挺括	

续表

操作步骤	操作流程	标准和技巧	图示
铺床单	开单：站在床尾正中间，两脚一前一后，身体略向前倾。左手抓住床单一头，右手将床单另一头打开并抛向床头中间处	分清床单正反面。为保证床单正面清洁，可将正面折在内侧，使折缝的凹缝朝上	
	打单定位：展肩、抬臂，身体向前倾，将床单提起约 70 cm，手腕和手臂用力将床单甩出去、拉下来。床单打开的瞬间，顺势调整床单位置，使其居中	床单中缝居中，正面朝上，平整铺开在床面	
	包边包角：从床尾开始依次塞边包角，一般内层床单包成 45° 角，外层为直角	要求四角一致，四边平整，无皱褶	
套被套	铺开被套：将被套按正确的方向铺在床面上，正面向上，开口朝床尾，并顺势打开被套开口，方便塞入被芯	铺开被套的方法与铺床单的方法相同	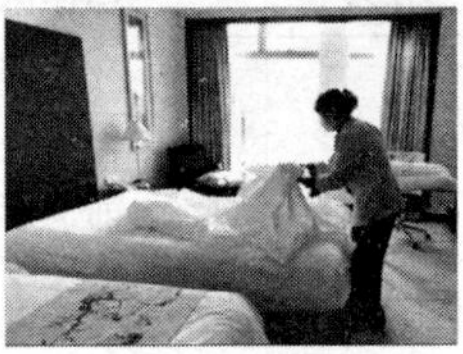
	装被芯：两手分别抓住被芯的两角，塞进被套内，然后抓住两角顺势将整条被芯抖进被套里，撑开整条被子。系好被套口的绳子或拉好拉链。将被子平铺在床上，保证床头侧的被子边沿与床头平齐	被套的中缝居中，凸缝朝上，被芯四角到位，被面平整，无皱褶	

续表

操作步骤	操作流程	标准和技巧	图示
套被套	打枕线：将床头侧的被子平行反折45 cm	被头挺括、饱满，反折部分平整	
将床复位	弯腰下蹲，将床缓缓推回原位	检查是否已紧靠床头板，是否与床头柜平行	
放枕头	将两个枕头叠放在床头正中位置	枕头开口朝下，并反向于床头柜放置。枕头边与床头边平行。枕头中线与床中线对齐，枕套沿无皱褶，表面平整，四角自然下垂	
整理床面	整理床尾，检查床面	床面总体效果：三线对齐，平整美观	

（12）抹尘。卧室抹尘时，为了不遗漏任何一个角落，应从上到下，按顺时针或逆时针的方向环形整理，同时检查设施设备的完好情况和物品缺失情况。若有设施损坏，应在工作单上做好记录，并及时向工程部报修。若发现有物品缺失，也应做好记录，并查明原因，分清责任。

客房服务员在抹尘时，应注意以下几点：

1）抹布使用时，应折叠起来，以提高使用效率。

2）抹尘时，应手持两块抹布，一块干抹布，一块湿抹布。

3）在擦拭一般的家具或玻璃、镜子时，应按先湿后干的顺序进行。在擦拭不同的家具和物品时，抹布应干湿分开，区别使用。例如，金属、电器、靠墙边的木质家具、软面家具就应该用干抹布擦拭。

4）注意墙角。墙角常常被忽视，容易积起灰尘和污垢，同时又是客人比较重视的地方，因此应特别注意墙角的卫生。

（13）补充卧室客用品。清洁双手后，按规定将客用品配齐摆好。

（14）吸尘。卧室地面吸尘应按照从里到外的顺序，从窗边开始，一边吸尘一边往门外后退着进行，以免在地毯上留下脚印。特别要注意地毯边缘、家具底下等处的吸尘。

（15）自我检查。客房清扫工作结束后，客房服务员应站在门口环视室内，仔细检查有无疏漏之处，如有问题，要及时纠正弥补。

（16）关窗、拉窗帘。关上窗，拉好纱帘，调整好遮光帘和厚窗帘。

（17）关灯、关门。检查无误后，客房服务员取出取电卡，关上房门。为确保客房的安全，关好门后再试推一下，确认是否锁好。

（18）填写工作单。客房服务员应清晰、准确地填写好工作单上的所有内容。

（走客房卧室清扫讲解视频可扫描封底二维码查看。）

2. 卫生间清扫

走客房卫生间的清扫流程如下：

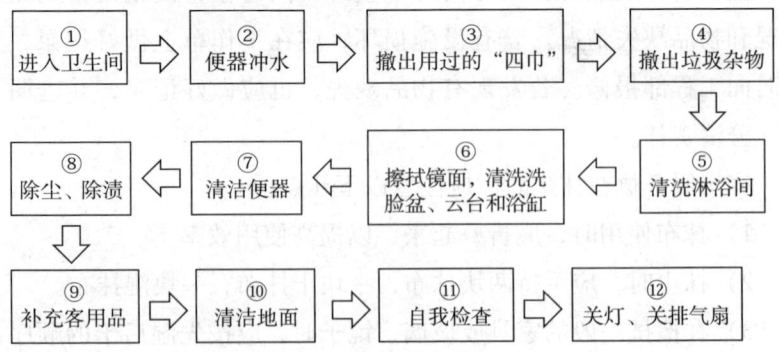

（1）进入卫生间。卧室清扫后，客房服务员应戴上手套，带清洁桶和清洁工具进入卫生间。为保证卫生间的照明和通风，应先打开卫生间的灯和排风扇，然后把清洁桶放在不影响操作的地方。

（2）便器冲水。先将便器内的脏物冲净，倒入专用清洁剂，静置片刻，使其能充分发挥作用。这时可以先进行其他清洁工作。

（3）撤出用过的"四巾"。将客人用过的"四巾"撤出，放进工作车的布件袋中，注意检查其中是否夹带有客人的物品。撤出的"四巾"绝不可放在地上。

（4）撤出垃圾杂物。将垃圾桶内的垃圾撤出，倒入工作车的垃圾袋中，然后把垃圾桶洗净抹干，套上新的垃圾袋。将客人用过的客用品撤出，可重复利用的物品应回收，这不仅可以节约饭店的成本，也是绿色环保的具体举措。

（5）清洁淋浴间。清洁淋浴间时，按照从上到下的顺序，先用温水冲洗淋浴间内墙壁、玻璃内外和地面；再喷洒适量清洁剂，用海绵或玻璃刮均匀清洁墙壁、玻璃和地面，然后用温水冲洗干净；最后，用干抹布擦干水迹。特别注意清洁地漏处的毛发和污物。

（6）擦拭镜面，清洗洗脸盆、云台和浴缸。先用湿抹布，再用干抹布将镜面擦拭干净，使其光洁明亮。对于特别脏或有污渍的镜面，可用玻璃清洁剂擦拭。擦拭镜面时，应特别注意不要在镜面上留下抹布的绒毛或水印，用清洁的抹布从上到下、从左到右均匀地擦拭，擦完后应仔细检查是否已擦拭干净。用专用的清洁剂洗刷洗脸盆和云台各处，然后用清水冲洗干净，并用干抹布擦干、擦亮。

浴缸清洗的操作流程见表2-17。

表 2-17　　　　　　　　　　浴缸清洗的操作流程

操作步骤	操作流程	注意事项
粗洗浴缸	用温水刷洗一遍,将浴缸内的污物清除	温水能更好地清除浴缸上附着的油脂
加清洁剂	将下水口塞好,放适量温水,在水中加入适量清洁剂	清洁剂不可直接洒在浴缸表面,否则会损伤浴缸的釉面
刷洗浴缸内外	用刷子或海绵刷洗浴缸内外以及水龙头、周围墙壁、浴帘等处	一般浴帘底部污渍会比较严重,清洗时可多加注意。同时检查浴帘有无脱钩现象
温水冲洗	打开塞头放水,用温水将各处冲洗干净,包括下水口塞头	要特别留意将下水口的毛发及污物清理干净
擦干水迹	用干抹布将浴缸及其余各处的水迹擦干	将金属部件擦亮
下水口塞紧	将浴缸的下水口塞紧	

（7）清洁便器。用专用的刷子刷洗便器的内壁,然后放水冲洗。最后,用专用的抹布擦拭便器的口沿、坐板、盖板、外壁、水箱等处。

便器的 U 形凹槽处容易形成顽渍,所以要特别留意清洁凹槽和出水口的部位。注意检查便器的冲水按钮是否完好,是否有漏水现象等。

（8）除尘、除渍。分别用干湿抹布擦拭卫生间内各部件,如门、门把手、毛巾架、手纸盒、电话机等,同时检查完好程度,若有问题,应做好记录并及时报修。

（9）补充客用品。洗手后,按规定补充卫生间的客用品,并按饭店要求摆放。物品摆放的原则是整齐、美观、取用方便。

（10）清洁地面。用专用的抹布,按从里到外的顺序将地面擦净抹干,卫生间地面要求做到无毛发、无污渍、无水迹、无异味。最后将清洁工具和清洁桶放回到工作车上。

清洁地面时，应注意：

1）特别注意墙边角落。

2）不可遗漏云台下方、便器底座、下水口等处的清洁。

3）擦抹地面时，与卧室地面的清洁一样，应从里到外后退着清洁，以防留下脚印。

4）如果地面毛发较多，可以用吸尘器吸除。

（11）自我检查。卫生间清洁结束，客房服务员应环顾一遍，检查有无遗漏，物品补充是否齐全，摆放是否符合要求，有无清洁用品或工具遗留等。

（12）关灯、关排气扇。确认无误后，关灯、关排气扇，将门虚掩30°左右，退出卫生间。

（走客房卫生间清扫讲解视频可扫描封底二维码查看。）

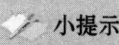小提示

清洁后的卫生间应达到的卫生标准：无毛发、无异味、无水迹、清洁光亮、物品摆放整齐。

二、住客房清扫

住客房的日常清扫主要有三种类型：大清扫、小整理和开夜床服务。与走客房相比，住客房是客人正在租用的房间，所以它的日常清扫更应尊重客人的习惯和对房间的使用权。

1. 大清扫

住客房的大清扫一般在每天上午进行，其清扫程序与走客房清扫基本相同，两者的不同点主要包括：

（1）进房前应更加关注客人的动向，清扫工作尽量不打扰客人休息。

（2）进房打扫时，若发现客人在房内，应先询问客人是否可以现在打扫卫生。若客人同意，则快速打扫，且动作尽量轻，打扫完毕向客人致歉，最后，有礼貌地退出房间。若客人不同意，切不可强行打扫，应记下房号和客人的要求，然后找合适的时间再去打扫。

（3）收拾垃圾时，只有客人扔在垃圾桶里的物品可以作为垃圾处理，其他物品不可随意丢弃，即使是一个空瓶子、一张旧报纸，都有可能是对客人十分重要的物品。

（4）铺床时，如果有衣物放在床上，可以将其挂到衣柜里，也可以叠整齐放在床头上。

（5）住客房抹尘时，要特别注意尊重客人的隐私，比如壁橱和书桌，只需要擦拭表面浮尘即可，尽量不要打开擦内壁和抽屉，以免被客人看到而产生不愉快。

（6）清扫时切不可翻阅客人的文件、信件、杂志等，只需要稍加整理即可。客人放在房间里的贵重物品，如照相机、计算机、摄像机、瓷器古玩等更不要随意碰触。

（7）清扫卫生间时，不可随意移动、翻看、试用客人的化妆品，也不可自作主张把空瓶或空盒子当作垃圾扔掉。

（8）住客房卫生间清扫后，不用喷洒消毒剂。

（9）清扫住客房的过程中，若电话响起，客房服务员不可接听。

（10）若客人对客房有特殊要求，应做好记录，并按客人要求办理。

【案例2-2】

服务还要揣摩客人喜好

某日，客房服务员在清理8266房间时，把所有的垃圾都收走了。晚上张先生回房间后发现，他花费了很长时间收藏的一套可口可乐瓶子被客房服务员当垃圾收走了。这引起了张先生的极度不满，要求饭店赔偿损失。得知此事后，大堂副理和客房部主管带着客房服务员一起向客人真诚地道歉，并发动客房部员工立刻去寻找。经过一番苦寻，终于在垃圾站找到。客房服务员和总值班王经理一同将瓶子送到客人房间，再次向客人赔礼道歉，并做了升值服务，以消除客人的不满。

分析：在对客服务中，不仅要求房间要打扫干净，给客人营造一个整洁、干净的住宿环境，还要给客人以享受，特别是心理上的享受。除了整理好房间之外，还要给客人营造一种家的氛围，这就要靠服务人员的用心，在工作过程中注意客人的一切，包括喜好、习惯。例如，当客房服务员看到8266房间里放着许多可乐瓶子，种类各异，就应该注意一下为什么会出现这种情况。如果早就注意到这个特殊信息的话，肯定可以了解客人的这一爱好并多加留意，更不会扔掉客人的东西了。所以在日常工作中要注意留心并掌握客人的一切信息，再加上良好的服务理念，并配以及时、快速的行动，就可以很好地为客人提供个性化服务了。另外，客房服务员在清理房间的过程中，一定要谨慎，客人的东西不能乱动，该清理的要清理掉，遇到自己拿不准的应该及时请示主管或经理，不可擅作主张，以免引起客人的误会和不快，使工作处于被动。

2. 小整理

小整理是指住店客人外出后，客房服务员对其房间进行简单的整理，一般在午后进行。其目的是使客人在每次外出返回时，都能感受到饭店的贴心服务，保证客房始终处于整洁干净的状态，也是饭店高规格、高档次服务的一种体现。其具体做法如下：

(1) 拉开遮光窗帘，整理客人午睡过的床铺。

(2) 清理垃圾杂物。如清理烟灰缸，整理茶几上的杂物，收拾垃圾桶，撤换客人用过的杯具，清卫生间的垃圾等。

(3) 整理房间。如整理桌面，补充客用品，整理卫生间云台上的物品，整理"四巾"等。

(4) 调整温度。

> **小知识**
>
> 客房小整理是饭店提供优质服务的一个重要体现，不仅能使客房始终保持干净整洁，给客人带来愉悦感，更能让客人时刻体会到饭店的用心。一般饭店会根据房费高低决定进房整理的次数。比如，对VIP房实行跟进制，即客人每外出一次，客房服务员都会进房进行小整理，保证客人每次返回客房，房间都是整洁如初的。但这样的服务势必会增加人力成本，所以每个饭店应根据自身实际情况决定是否提供此项服务。

3. 开夜床

晚间开夜床服务，属于小整理的一种，此项服务一般在晚上6点左右或者客人外出吃晚餐时进行，目的是给客人营造一个温馨的就寝氛围。开夜床流程如下：

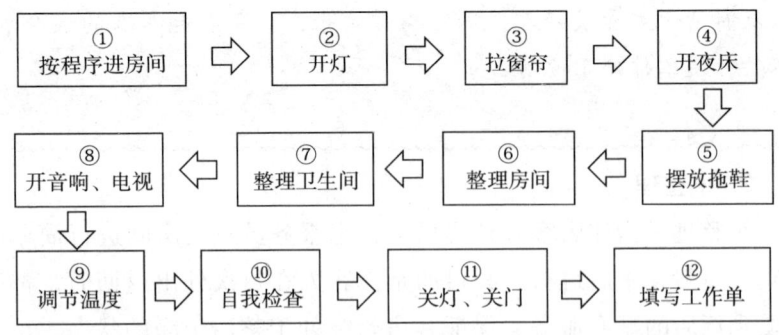

(1) 按程序进房间。按规定程序进房间时，如果客人在房间里，

要征求客人是否需要开夜床服务，若客人不需要，应做好记录。

（2）开灯。将取电卡插入取电槽后，应打开房间内所有的灯，这样既可以保证室内光线充足，又能检查灯具的完好程度。

（3）拉窗帘。夜幕降临，将房间里的遮光窗帘和厚窗帘都拉上，既可以营造温馨的就寝气氛，又能防止第二天窗外的光线射入房间，影响客人休息。

（4）开夜床。开夜床就是为客人整理好床铺，做好就寝前的准备工作，方便客人入睡。具体步骤包括：

1）将被子从床头一侧掀开一角成30°或45°，并整理好被子。

2）整理并摆好枕头。

3）如果有客人的睡衣，应将睡衣叠好，放在枕头上。

4）按房间规格的要求，在床头或枕头上放好晚安卡、早餐券及饭店赠送的小礼品等。

5）如果有浴衣，则将浴衣叠好放在床尾一角。

6）若客人床上放着很多物品，不方便移动，可以不开床，但要留言说明原因，以免引起客人的误会。

7）标准间只有一位客人入住时，切忌同时开两张床。当同一位客人连续住宿两晚以上时，应注意固定开同一张床。

> **小提示**
>
> 开夜床服务要根据住客情况规范进行，具体操作见表2-18。

表2-18　　　　　　　开夜床服务具体操作

房型	住客情况	开床要点	图示
标准间	只住一位女客人	开临近卫生间的那张床	

续表

房型	住客情况	开床要点	图示
标准间	只住一位男客人	开临窗的那张床	
标准间	住两位男客人	两张床同方向开，都朝向窗户	
标准间	住两位女客人	可同方向开床，也可相对方向开床	
标准间	住两位异性客人	两张都朝向床头柜方向开床，即相对开床	
大床间	只住一位客人	从放着电话机的床头柜一侧开床	
大床间	住两位客人	可以只开一侧或两侧都开	

（5）摆放拖鞋。为了方便客人就寝前换鞋，开夜床服务时，客房服务员应将一次性拖鞋放在规定的位置。有的饭店要求放在开床一侧的床前，有的饭店要求放在床尾一侧，也有的饭店要求放在起

居空间的沙发椅前。

（6）整理房间。将房间里的垃圾杂物清理干净，整理桌面和台面，撤换客人用过的杯具和烟灰缸。

（7）整理卫生间。清理卫生间的垃圾及客人用过的一次性消耗品，撤换客人用过的"四巾"，清洗客人用过的便器、浴缸、洗脸盆和云台等。

整理好卫生间所有物品，并补齐卫生间的一次性客用品。

整理浴帘，将浴帘拉向喷淋头约 3/4 处，浴帘底部放在浴缸内。地面清洁后，将地巾铺在浴缸前的地面上，使正面向上、店徽朝外。

（8）开音响、电视。若房间里有背景音乐，应打开并调节到适度音量，同时将电视机的床头开关打开。

（9）调节温度。按规定调节适宜的空调温度。一般夏季 25~26 ℃，冬季 21~22 ℃。

（10）自我检查。退出到房门口，环视一周，检查有无不妥之处，及时整改。

（11）关灯、关门。为了营造睡前温馨的氛围，客房服务员应关掉除了夜灯或床头灯外的其他灯，退出房间，轻轻关上门。

如果客人在房间里，则不用关灯，向客人道晚安后，礼貌退出，并注意面对客人，轻轻关上门。

（12）填写工作单。

> **小知识**
>
> 重要客人（VIP），一般是指身份地位较高的客人，或有一定社会知名度和影响力的客人，或对饭店发展有极大帮助、有可能给饭店带来业务的客人等。这类房间的清扫程序和方法与普通住客房基本相同，只是在此基础上，标准更高、要求更严。根据 VIP 级别的不同，清扫标准也有所不同。具体如下：

> VIP房的清扫应由各方面素质较好，业务能力较强，经验较为丰富的客房服务员来承担。一般可由中级客房服务员或更高级别的客房服务员承担。
>
> VIP房所用的布件应用新的或较新的，以区别于普通客房。有些饭店为了体现其高规格，在信封、信纸、浴衣、拖鞋等物品上会印上客人的名字。
>
> VIP房在布置上，根据饭店规定，一般可以放置鲜花、水果（包括果盘、刀叉、餐巾、洗手盅等）、点心、总经理名片、小礼品等。
>
> VIP房应比普通客房清扫得更彻底，小整理通常也实行跟进制，即每次客人外出，客房服务员都及时进房清洁整理，保证房间始终整洁。

【案例2-3】

做夜床的方式

王小姐入住某酒店，因为公司业务需要，她将在此逗留一周。傍晚6点，王小姐去餐厅用晚餐，回到房间后，发现夜床已经做好，客房服务员为她开的是靠卫生间墙壁的一张床，床单和毛毯已经拉开一角。王小姐打开电视机，靠在开好的那张床上看电视，但觉得电视机的位置有些偏，于是将电视机的方向转至合适的位置。第二天晚上7点，王小姐回到房间，夜床也已经做好，让她惊喜的是，今天客房服务员为她开的是靠窗户的那张床，而且电视机也已经摆正位置。

分析：客房清扫工作虽然不像面对面服务那么直接，但也能体现客房服务员对客人的关注。案例中客房服务员从客人转动电视机的举动中了解到客人的需求，主动调整了第二天所开的夜床。王小姐从中感受到了客房服务员对客人的友好和关注。

三、空房清扫

为了保证客房的清洁，能随时提供出租，空房也必须每天进行一次常规清扫整理。具体做法如下：

1. 开窗或开空调，通风换气，保持室内空气新鲜。
2. 用干抹布按顺时针或逆时针方向擦拭各种设施设备、家具表面的浮尘。
3. 为保持水质的洁净，每天将洗脸盆、浴缸、淋浴间、便器的冷热水龙头分别放水 1~2 min。
4. 查看卫生间的毛巾是否有失去弹性而变硬的情况，如有，应及时换新。
5. 每隔 2~3 天，为地面吸尘一次。

模块 3　客房的消毒工作

饭店作为一个公共场所，每天接待大量客人，人员流动性大，因此消毒工作显得尤为重要，这不仅是保证客人身体健康的重要措施，也是预防各种流行疾病的主要方法。下面介绍客房内各区域，各类客房设施、用品的消毒要求与方法。

一、卧室的消毒要求与方法

很多人可能想象不到，看起来打扫得干干净净的房间里，室内空气污染可能比室外严重得多。一方面，人喷出的飞沫将人体内的微生物散布到空气中；另一方面，人的皮屑与尘埃会悬浮在空气中污染空气。特别是室内有病人入住时，空气中更是散布了大量的致病菌。

1. 消毒要求

（1）房间应定期进行预防性消毒，以预防传染病的传播。

（2）对于使用过的床单、毛巾、餐具，要撤出并进行严格消毒。

2. 消毒方法

房间里不同区域、不同设施设备和用品，采用的消毒方法也不同。常用的消毒方法见表 2-19。

表 2-19　　　　　　　　常用的消毒方法

消毒对象	具体操作
室内空气	打开门窗通风一定时间，可防止细菌和螨虫滋生，这是最简单有效的空气净化方法
	冬季 3 h 以上、夏季 2 h 以上的日照可杀死空气中大部分致病微生物
	一般在客房内安装一只 30 W 的紫外线灯，灯管距地面 2.5 m，照射 2 h 即可杀灭室内空气中 50%~70%，甚至 90% 的病原微生物。但要注意，用紫外线灯消毒时，人员应离开房间
房间角落	常用浓度为 1%~5% 的漂白粉澄清液喷洒消毒
家具设备	常用 10% 浓度的碳酸水溶液或 2% 浓度的来苏水溶液擦拭消毒
电话机	可用 0.2% 的洗必泰溶液或 75% 的酒精擦拭电话机消毒
床垫、床罩、被褥	可在阳光下照射消毒，阳光中的紫外线可以杀死一些病菌
棉织品	常用 3‰ 的漂白粉溶液浸泡消毒

 小知识

室内空气质量标准

1. 一氧化碳含量 ≤ 10 mg/m^3。
2. 二氧化碳含量 $\leq 0.1\%$。
3. 细菌总数 $\leq 1\,500$ CFU/m^3。
4. 可吸入颗粒物 ≤ 0.1 mg/m^3。

二、卫生间的消毒要求与方法

卫生间往往是最容易被病菌污染的区域，其卫生情况也是客人最关注的部分，因此，应特别注意卫生间的消毒工作。具体消毒要求和方法如下：

1. 消毒要求

（1）每天彻底清扫，保持整洁。

（2）每换一位客人就必须进行严格消毒。

（3）每周对卫生间地面喷洒杀虫剂，特别是地漏处，以防发生虫害。

（4）洗脸盆、浴缸、拖鞋的消毒标准是每平方厘米细菌总数不超过 500 个。

（5）卫生间不得检查出大肠杆菌。

2. 消毒方法

卫生间不同部位的消毒方法见表 2-20，常用消毒方法分类与说明见表 2-21。

表 2-20　　　　　　卫生间不同部位的消毒方法

消毒对象	具体操作
地面、地漏	用浓度 1%～5% 的漂白粉澄清液对卫生间进行喷洒消毒
洗脸盆、浴缸、便器	用 2%～3% 的来苏水或 84 消毒液进行消毒，消毒后要密闭 2 h，然后进行通风
四巾	用 3‰ 的漂白粉溶液进行浸泡消毒

表 2-21　　　　　　常用消毒方法分类与说明

消毒方法		具体操作	适用范围
物理消毒法	湿热消毒法	煮沸消毒	将洗干净的器皿置于 100 ℃ 沸水中煮 15～30 min	适用于陶瓷器皿，不适用于玻璃器皿

续表

消毒方法			具体操作	适用范围
物理消毒法	湿热消毒法	蒸汽消毒	将洗干净的器皿放入蒸汽箱中蒸 15 min	适用于各种杯具的消毒
	干热消毒法	干烤	多采用红外线照射灭菌。将洗干净的器皿放入消毒柜中,温度调至 120 ℃、30 min	适用于杯具消毒
		紫外线照射	安装一只 30 W 的灯管,灯管距地面 2.5 m,照射 2 h	适用于卫生间的空气消毒
		烧灼	将耐热物品直接在火焰上烧灼灭菌	多用于金属物品的消毒处理
	光照通风消毒法	光照	利用太阳光的紫外线照射作用杀死室内空气中的病菌	适用于客房房间、床垫、床罩、被褥等的消毒
		通风	利用空气流通排出室内的污浊气体和不良气味,更换新鲜空气	适用于可通风卫生间的消毒
化学消毒法	浸泡消毒法		将洗干净的器皿放入消毒液中浸泡 5 min,然后用清水冲净并擦干	适用于各类杯具等
	擦拭消毒法		卫生清洁后,用药物水溶液擦拭以达到消毒的效果	适用于卫生间家具、设施、洁具等的消毒
	喷洒消毒法		卫生清洁后,用消毒剂喷洒在卫生间内进行消毒	适用于卫生间地面、地漏、死角等的消毒

续表

消毒方法	具体操作	适用范围
生物消毒法	利用生物及其产生的物质来杀灭或清除病原微生物	适用于污水净化、粪便、垃圾的发酵堆肥等

三、茶水具、酒具的消毒要求与方法

茶水具、酒具直接与客人的口部接触，极容易被病菌污染，也是客人特别重视的物品。

1. 消毒要求

（1）客人用过的茶水具、酒具，每天必须统一撤换，并且必须送到洗涤间统一进行严格的洗涤消毒。

（2）如发现有病人使用过的茶水具、酒具，必须请专业人士进行消毒，防止疾病的传播。

（3）楼层应设茶水具、酒具的专用消毒间，内设杯具专用的消毒桶、消毒柜、杯具保洁柜等设备。

（4）茶水具、酒具的消毒标准为每平方厘米细菌总数不超过5个。

2. 消毒方法

茶水具、酒具的常用消毒方法见表2-22。

表2-22　　　　茶水具、酒具的常用消毒方法

消毒方法		具体操作	注意事项
物理消毒	煮沸消毒	将洗干净的茶水具、酒具放入100℃的沸水中煮15~30 min	不可用于玻璃器皿
	蒸汽消毒	将洗干净的茶水具、酒具放入蒸汽箱中蒸15 min	此方法适用于所有陶瓷器皿、玻璃器皿等，应分类进行
	干烤消毒	将洗干净的茶水具、酒具放入消毒柜中，温度调至120℃，干烤30 min	多采用红外线照射灭菌，目前大多数客房楼层消毒间内配备的消毒柜属于此种类型

续表

消毒方法		具体操作	注意事项
化学消毒	浸泡消毒	将洗干净的茶水具、酒具分批放入消毒液中浸泡 5 min，然后用清水冲洗干净并擦干	（1）必须将化学消毒剂严格按比例调制，才能发挥作用 （2）如需要消毒的物品较多，药物耗量较大，连续浸泡 1 h 后，就应更换新溶液

 小知识

常用的化学消毒剂

1. 氯亚明

通常配制浓度为 3‰，配好后的溶液只能使用一天，对金属器物有褪色和腐蚀作用。

2. 漂白粉

通常配制浓度为 3‰，使用前要搅拌均匀，适用于杯具和棉织品等物品的消毒，对金属器物有褪色和腐蚀作用。

3. 高锰酸钾

通常配比为 1∶2 000，溶液正常为紫红色，当它转变成黄褐色时，必须更换新的溶液。使用高锰酸钾溶液浸泡的时间不能少于 5 min，主要适用于茶水具的消毒。

4. 84 消毒液

通常配制浓度为 2‰~5‰，由于溶液有腐蚀性，如不慎接触皮肤，应用清水冲洗。保存时应避光、避热，室温 25 ℃ 以下可储存 10 个月以上。84 消毒液适用于餐具、茶水具、酒具、家具等的消毒。

 小提示

消毒工作的注意事项

1. 严格实行上下班更换工作服制度，让工作服起到"隔离层"的作用。

2. 严格按照消毒剂的使用要求进行稀释。
3. 进行消毒工作时,清洁员应做好自我防护,如戴好口罩、手套等。
4. 禁止将漂白粉溶液与酸性清洁剂同时使用,以免发生氯气中毒。
5. 喷洒消毒以使用快干型消毒剂为好。
6. 餐具、茶水具、酒具的消毒,必须在清洗干净后才能进行。
7. 有些化学消毒剂对金属器物有褪色、腐蚀作用,所以在使用时要注意避开。

模块 4　客房的计划卫生

客房的计划卫生是指在做好日常清洁卫生工作的基础上,拟订一个周期性的清洁计划,采取定期循环的方式,对房间内日常清扫中不必每天进行的清洁项目,或平时清扫不彻底的部位进行全面彻底的清洁。

客房清洁工作应坚持日常清扫、消毒和计划卫生相结合,这样不仅能保证客房清洁保养工作的质量,还能延长客房的使用寿命。

一、客房计划卫生的种类

客房计划卫生通常有以下三种组织形式:

1. 规定每天完成一间客房的大扫除

例如,每位客房服务员在每天完成 12 间客房的卫生清扫工作后,还要对其中一间进行彻底大扫除,12 天后,每位客房服务员所负责的 12 间客房即完成了一次计划卫生。

2. 要求每天对客房的某一部位或区域进行彻底大扫除

这种组织形式是指客房服务员在每天完成日常清扫工作以外,

还要按规定对自己所负责的客房的某一部位进行彻底大扫除,这样经过若干天对房间不同部位的彻底清洁,也就完成了一次计划卫生。

3. 安排季节性大扫除或年度大扫除

一般安排在经营淡季,对所有客房分楼层进行全面大扫除,每个楼层通常要一周时间。必要时,可请前厅部对该楼层进行封闭清扫,并通常与工程部的定期检修和维护保养结合起来进行。

以上三种计划卫生的组织形式在实际操作中,通常会综合使用。

二、客房主要计划卫生项目及时间安排

客房主要的计划卫生项目及时间安排(以某饭店为例)见表2-23。

表 2-23　　客房主要的计划卫生项目及时间安排

时间	项目	时间	项目
3天	(1) 地漏喷药 (2) 用玻璃清洁剂清洁阳台玻璃、房间和卫生间的镜子 (3) 用干抹布清洁壁画	25天	(1) 清洁制冰机 (2) 清洗阳台地板和阳台内喷塑面 (3) 墙纸、遮光帘吸尘
5天	(1) 清洁卫生间换气扇机罩 (2) 清洁(水洗)吸尘机真空器保护罩 (3) 清洁卫生间浴缸及水箱,磨洗地面	30天	(1) 翻床垫 (2) 擦拭消防水龙带、喷水枪及胶管 (3) 清洗被胆(被芯)
10天	(1) 清洁空房间马桶水箱 (2) 清洁走廊出风口 (3) 清洁卫生间换气扇网	一季度	(1) 干洗地毯、沙发、床头板 (2) 干(湿)洗毛毯 (3) 吸尘器加油(保养班负责)
15天	(1) 清洁热水器、洗杯机 (2) 冰箱除霜、清洁 (3) 使用医用酒精棉消毒电话机 (4) 清洁空调出风口	半年	(1) 清洁窗纱、窗帘、灯罩、顶灯 (2) 清洗床垫保护垫、靠垫、床罩
20天	(1) 清洁房间回风过滤网 (2) 用擦铜水擦拭铜器、房间指示牌	一年	(1) 清洁遮光帘 (2) 红木家具、地板打蜡(保养班负责) (3) 湿洗地毯(保养班负责)

1. 周计划卫生控制表（见表2-24）

表2-24　　　　　　　　周计划卫生控制表

时间	清洁内容
周一	马桶内拐处，卫生间地面死角，地漏、下水口，两个垃圾桶内外大清洁
周二	淋浴间内墙面缝隙，地面边角，地漏、下水口大清洁
周三	洗脸盆下水口，冷热水龙头开关四周边缝、大小喷淋及喷淋杆大清洁
周四	浴巾架及卫生间玻璃外墙、鞋篮内外大清洁，同时工作间、周转箱大清洁
周五	床底、地毯边角、沙发底下、床头柜下方地毯吸尘，玻璃镜面大清洁
周六	迷你吧托盘、迷你吧柜子内外、电热水壶内外及窗槽玻璃大清洁
周日	衣柜内外、电视柜内外、电视机背部及电线、带门床头柜内及A型家具抽屉凹槽大清洁

2. 月计划卫生控制表（见表2-25）

表2-25　　　　　　　　月计划卫生控制表

时间	过滤网拆洗	床裙清洁	电话机消毒	不锈钢器皿护理	房间墙面大清洁
一月					
二月					
三月					
四月					
五月					
六月					
七月					
八月					
九月					
十月					
十一月					
十二月					

3. 季节性计划卫生控制表（见表2-26）

表2-26　　　　　季节性计划卫生控制表

内容	第一季度	第二季度	第三季度	第四季度
翻床垫				
清洗地毯				
清洗床裙				
清洗毛毯				
清洗窗帘				
清洁床头靠板				

三、客房主要计划卫生项目的清洁方法

每个饭店由于实际情况不同，其具体的计划卫生项目也不尽相同。主要计划卫生项目的清洁方法见表2-27。

表2-27　　　　主要计划卫生项目的清洁方法

项目	具体操作	注意事项
窥视镜清洁	用半干的抹布卷起来伸进窥视镜转圈擦，然后用棉签把镜片擦净	清洁窥视镜时，扶好门，以防夹手
天花板拂尘、墙纸清洁	（1）将天花板灰尘、蛛丝用鸡毛掸子清扫干净 （2）墙纸整体用鸡毛掸子拂去灰尘，脏的地方用牙刷、清洁剂擦净	如果房间内有食物、饮料，应先将食物、饮料盖好
空调出风口的过滤网及百叶清洁	（1）过滤网用温水冲洗干净，晾干或用抹布擦干（不能有水滴）后安装好 （2）百叶用湿抹布擦拭或逐叶卸下刷洗干净，擦干后安装好	（1）拆装要小心，以免零件松脱砸到客人 （2）出风口百叶要按顺序摆正，以利于通风
灯头、灯泡、灯罩清洁	（1）将灯泡转出用干抹布擦净，灯头部位用牙刷及抹布擦净 （2）灯罩用专用吸头吸去或用刷子刷去灰尘，灯罩内塑料层用湿抹布擦拭	擦拭灯座上各部位时，不可用湿抹布，防止触电

续表

项目	具体操作	注意事项
窗帘、窗纱清洁	用吸尘器专用吸头从上到下吸尘	擦好后将窗帘整理好，检查挂钩是否齐全
家具打蜡保养	擦净家具表面的浮尘和污渍，将家具蜡倒在细软的抹布上，在家具表面轻轻地抹蜡，再用干净细软的绒布反复擦拭至光亮	应选择晴朗干燥的天气进行此项工作
电视机清洁	（1）屏幕用玻璃水擦净 （2）外壳用半干抹布擦拭，缝隙处用牙刷刷净 （3）有孔的部位用棉签伸入擦净	（1）擦拭外壳时，不能过湿，以防进水受潮 （2）擦拭电视机的同时检查电线和插头有无松动
电话机消毒	（1）听筒和话筒应用酒精棉擦拭 （2）机座先喷洒清洁剂，再用干抹布擦拭 （3）电话线用干抹布蘸上清洁剂拉直擦净 （4）电话键盘表面用干抹布蘸上清洁剂擦净，再用抹布裹住一尖物（如笔尖）清洁键盘缝隙中的积尘	（1）抹布不能过湿，以免电话机受潮短路 （2）注意不要误拨电话
冰箱内外清洁	（1）冰箱内的物品应一一取出用湿抹布擦净，附属件用水冲净擦干，等清洁完冰箱内外后放回原位 （2）用湿抹布擦拭冰箱内外各部，污渍可用清洁剂或牙膏擦拭 （3）用干抹布擦拭冰箱后面的电机部位 （4）将冰箱搬出柜子，用湿抹布擦净冰箱柜内部	搬动冰箱时倾斜度不可过大，插头拔出后要重新插好，以免影响客人使用
不锈钢器皿、铜器的保养	除去物体表面浮尘，用抹布蘸牙膏擦去各种污渍、手印，再用倒有洗钢水（用于擦拭不锈钢物体表面）或擦铜水的细软抹布擦拭物体表面至光亮	（1）此项工作也须选择晴朗干燥的天气进行 （2）擦铜水只能用于纯铜器皿，不可用于镀铜制品 （3）卫生间金属部件出现锈斑时，若是轻微的，可以用牙膏擦拭

续表

项目	具体操作	注意事项
垃圾桶内外清洁	桶内外用水冲净擦干，缝隙处使用废旧牙刷蘸清洁剂刷洗	必须彻底晾干，以免发霉
墙脚线（踢脚线）	用半干抹布擦拭，对于与墙面接触的边缝处，将抹布套在食指或中指上擦拭，以免碰脏墙壁	抹布不可过湿，防止弄湿墙纸而引起变色发霉
床底部位清洁	将床拉出左右移动，离开原床位置，清洁底部地面	注意不留死角
排风扇外壳清洁	将排风扇的外壳拆下，用牙刷蘸清洁剂去除污渍，再用抹布擦干装回即可	擦拭时要擦干双手，到高处清洁时要小心，避免摔倒
卫生间墙壁清洁	（1）用清洁剂、百洁布擦净墙砖表面，过水后用抹布擦干 （2）用清洁剂、牙刷把墙砖缝隙刷干净	（1）每个部位都要清洁，做到不留死角 （2）清洁时不要污染卫生间内的物品
吹风机清洁	（1）机座、机身用抹布擦净 （2）将吹风机打开调至小风量，将干抹布套在手指上伸到出风口内擦净 （3）将软管皱褶慢慢拉开，用清洁剂、牙刷刷洗，用湿抹布擦净	清洁吹风机软管时需要小心，避免将其拉断
去除喷淋头水垢	用牙刷蘸清洁剂将喷淋头缝隙处的水垢刷净，清水冲净后擦干	应在清洁浴缸或淋浴间前清洁喷淋头
水箱内部	先用百洁布除去水箱底部沉积物，然后倒入半瓶盖的草酸浸泡15 min，再用百洁布擦拭整个内壁，最后冲净	（1）移开水箱盖时，小心轻放 （2）水箱浸泡可在其他卫生工作前进行
防滑垫清洁	铺在浴缸底部或卫生间地面上，用喷淋头淋湿，再用牙刷或软刷蘸清洁剂将正反面特别是凸凹不平的地方刷净，过水，擦干	防滑垫洗刷完毕后注意通风透气
地漏消毒	（1）用清洁剂、刷子清洁地漏盖 （2）将开水（最好是滚烫的开水）倒入地漏 （3）用抹布擦干水迹 （4）向地漏中喷洒杀虫剂	（1）用开水浇烫才能起到除异味的作用 （2）若给住客房的地漏消毒，应注意杀虫剂的使用要适量

续表

项目	具体操作	注意事项
房间除虫	（1）将杀虫剂喷口对准蚊虫，在距离蚊虫 20 cm 处进行局部喷杀 （2）待蚊虫被喷杀后将其清理干净，并将所喷杀虫剂用抹布擦拭干净	（1）喷杀虫剂时，注意不能对着绿植或纺织品 （2）杀虫剂的存放和领用应严格按规定进行

模块 5　公共区域的清洁卫生

饭店公共区域（public areas，PA），是指饭店公众共有、供客人共享的区域或场所，是饭店的重要组成部分。

公共区域的清扫范围涉及饭店的每一个角落，作为客流密集的场所，不管是住客或访客，还是来就餐、购物甚至参观或路过的客人，都可以在此驻足停留，仔细观察，加以评论。通常人们会通过公共区域的清洁卫生情况来判断一个饭店的服务、管理和档次。因此，做好公共区域的清洁卫生工作就显得尤为重要。

为了做好公共区域的清洁卫生工作，饭店客房部设有公共区域清洁班组，专门负责除了厨房以外的所有公共区域的清洁保养。

一、公共区域清洁保养的范围

公共区域清洁保养的范围见表 2-28。

表 2-28　　　　　公共区域清洁保养的范围

区域		具体业务范围
室外部分	外墙、花园、饭店前后广场、停车场、室外运动场等	饭店室外区域的清洁卫生，饭店所有的绿化布置和苗木的保养繁殖工作

续表

区域			具体业务范围
室内部分	专供客人活动的场所（前台区域）	客人公用的场所	大厅、客用电梯、垃圾桶、公共卫生间等公共区域的清洁卫生工作，特别是被喻为饭店卫生状况"名片"的公共卫生间的卫生工作
		供客人活动的营业场所	餐厅、咖啡厅、宴会厅、歌舞厅、酒吧、健身房等营业场所的清洁保养工作
	员工活动的场所（后台区域）	专供员工活动的区域	行政办公区、员工通道、员工更衣室、员工宿舍、员工食堂、员工活动室等员工活动区域的清洁卫生工作，直接影响员工的工作和生活
		下水道、排水排污管道、垃圾房等	管道疏通清理工作，饭店的卫生防疫工作，定期喷洒药物，杜绝"四害"

 小提示

1. 公共区域清洁保养工作的特点

（1）对饭店的声誉影响很大。

（2）清洁保养的质量不易控制。

（3）清洁保养的技术含量较高。

2. 公共区域清洁保养的注意事项

（1）公共区域的清洁保养工作不能影响其他部门的正常营业和运转，一般选在公共区域最不繁忙的时间进行。

（2）为了不影响公共区域的使用，公共区域工作人员所使用的清洁剂必须是快干式的。

（3）工作人员在清扫公共区域时，要尊重客人，讲究礼貌，不能有任何不礼貌的待客行为。

二、公共区域清洁保养的内容与方法

1. 饭店大门口及周边的清洁保养

饭店大门前的广场、停车场及车道区域，车辆和人员来往频繁，而且大面积室外场所受天气的影响较大,往往需要不断清洁。一般来讲,白天应有计划地清洁,夜间再进行室外地面的冲洗。如果是北方地区的饭店,冬季最好不要冲洗,以免地面结冰。

为了防止或减少客人将尘土带进室内,饭店一般会在门口铺设地垫,大门口处还会放置伞架、配备伞套等,防止客人将雨水带进室内,减轻饭店大堂的清洁工作量。

饭店大门口的清洁保养内容包括:白天随时擦拭玻璃门窗、拉手、门框、伞架等处的浮尘、指印和污渍,夜间要全面清洁使其光洁明亮。大门的金属拉手须用金属上光剂、不锈钢清洁剂等擦拭,木质扶手须用家具蜡除污上光。

2. 大堂的清洁保养

大堂是饭店的门面,一般装潢豪华,设施设备先进,人流量大。大堂的清洁保养难度较大,具体范围包括地面、电梯和自动扶梯、休息区、公用电话间、装饰绿植、烟灰桶等区域。大堂的清洁保养见表2-29。

表 2-29　　　　　　　　大堂的清洁保养

区域	清洁保养内容	特别提醒
地面	(1)每天白天用油拖把不间断地拖擦地面,使地面保持清洁光亮 (2)每天晚上对地面进行彻底的清扫或抛光,并按计划定期打蜡。为了不影响地面的正常使用,打蜡工作要分区进行,并设置指示牌,以防客人滑倒	(1)用油拖把擦拖地面的过程中要随时清洁拖把上的尘土 (2)拖擦时,如地面上有纸屑等杂物要捡起来集中处理 (3)客人进出频繁的门口、楼梯口等处应增加拖擦次数 (4)如遇雨雪天气,在大厅入口处铺上脚踏垫或小地毯,设立防滑提示牌,增加拖擦次数,在门的一侧放置伞架及伞袋

续表

区域	清洁保养内容	特别提醒
电梯和自动扶梯	(1) 白天只做简单清洁维护 (2) 夜间更换电梯间内的星期地毯或清洁地面,同时对电梯间内外及周边大理石墙面进行彻底清洁 (3) 夜间对自动扶梯、楼梯、挡杆、玻璃护栏进行彻底清洁	(1) 要求电梯和自动扶梯的内外、上下、四周均无灰尘、无指印、无污渍 (2) 对于景观电梯要特别注意对玻璃轿厢的清洁 (3) 对于步行楼梯,其台阶上的地毯铜条用擦铜水擦拭,地毯用吸尘器清洁
休息区	沙发、座椅: (1) 白天随时清除沙发、座椅上的灰尘、杂物、污渍,并做好复位工作,保持整洁 (2) 夜晚对需要深度除渍的沙发、座椅进行清洗 (3) 夜间彻底清洁大堂内所有家具、台面、灯具、玻璃、花盆、标牌等 茶几、茶台: (1) 随时清理茶几、茶台上的纸屑杂物,保证茶几、茶台无灰尘、无污渍、无杂物,物品摆放整齐 (2) 如有客人吸烟,应请他移至吸烟区,并为其提供烟灰缸。随时撤换台面上的烟灰缸(烟灰缸内的烟蒂不应超过3个)	对沙发、座椅进行清洗时,一般真皮材质适合用干泡清洗法,而布艺材质则适合用抽洗法 如果客人正在使用烟灰缸,不要频繁打扰客人,适时更换烟灰缸即可。撤换时一定注意查看有无未熄灭的烟蒂,为确保安全,最好向烟灰缸内倒入少量的水再倒掉烟灰
公用电话间	经常清洁公用电话间,保证电话间无灰尘、无污渍、无垃圾杂物。将电话机整理复位,并经常消毒	及时倾倒电话间里的烟灰缸和垃圾桶
装饰绿植	定期浇水、施肥、喷药,及时清除枯叶、枯萎的花朵、花草中的烟蒂杂物,及时擦拭花盆、盆套上的泥土、灰尘和污渍	打理绿植需要一定的园艺知识,要掌握各种植物的习性

续表

区域	清洁保养内容	特别提醒
烟灰桶	饭店的烟灰桶（兼做垃圾桶），最上层铺有一层防止烟蒂燃烧的白色大理石细粒。服务人员应随时擦净烟灰桶的表面和内里，随时捡出烟灰桶内的烟蒂，每天晚上增添大理石细粒，并整理弄平	操作动作要轻，定期更换所有大理石细粒，并将撤换下来的大理石细粒用清洁剂反复搓洗，洗好后晒干存放

3. 客用卫生间的清洁保养（见表2-30）

表2-30　　　　　　客用卫生间的清洁保养

步骤	清洁保养内容	特别提醒
准备工作	准备好清洁剂（如洁厕剂、消毒水、除臭剂、玻璃清洁剂等）、清扫工具（如马桶刷、干湿抹布、拖把等）和客用品（如擦手纸、卫生纸、洗手液等）	清洁后的卫生间应做到干净、无异味、光亮整洁、客用品供应齐全充足
清洁洗手区	擦拭洗手区的台面、洗脸盆、水龙头、镜面等，并擦亮所有的金属镀件。检查感应水龙头、自动烘手器、洗手液取液器等装置是否处于完好状态	洗手区要随时清洁，并及时补充洗手液、香皂、小方巾等，洗手台上的鲜花要摆放整齐
清洁解手区	（1）用稀释后的专用清洁剂、专用工具刷洗马桶内外及底座，并用水冲净。定期清洁水箱水垢 （2）用专用抹布蘸专用清洁剂擦拭马桶盖和坐垫，用水冲净后用干抹布擦干水迹，再用消毒毛巾消毒坐垫 （3）配备好卫生纸、卫生袋等客用品	如果有水锈或尿碱形成，使用酸性清洁剂清除，但一定注意不能将清洁剂滴在地面上，以免损伤地面
清洁室内空间	（1）用专用清洁剂刷洗地面，尤其是小便池周围和墙边角，用清水冲净擦干，并定期对地面进行打蜡 （2）墙壁、门窗随时擦拭，使其无尘土、无污渍 （3）消毒卫生间，使之干净无异味	卫生间的气味管理是每个饭店都应该特别重视的，可采取燃香、喷洒空气清新剂、采用扩香设备等方式，让卫生间也成为令人心情愉悦的空间

续表

步骤	清洁保养内容	特别提醒
做好记录	卫生间门后附贴一张"公共清洁维护记录表",客房服务员在完成清洁整理时,必须在表上记录	客房部主管例行巡察时,根据检查状况签名以示督导

> **小知识**
>
> 饭店香氛管理是指饭店管理集团或个性化饭店为塑造独属于自己品牌香味所做的管理。在饭店大堂、客房、行政酒廊等区域安装旁源型扩香设备,一般安装在中央空调新风系统等客人看不到的隐蔽区域,散发香味的材料一般选用纯植物精油或经过调和的复方芳香精油,并通过中央空调传播到各个区域的出风口。根据中央空调的分布及图纸,可设定需要扩散香味的区域,并调节空间中香味的浓或淡。
>
> 要给客人留下深刻印象,舒适的大堂、豪华的装修和高水准的服务自然不可缺少,但如今在那些更细微的因素中,芳香更引起了客人的注意。特别是炎热的夏天,身体感受会更强,在饭店停留的最初 10 min,不管是好是坏,都会给客人留下深刻的印象。其中,嗅觉感官占据重要的部分,如果有霉味或者臭味,会大大影响第一印象,所以现在更多的心理学家把嗅觉营销放在了赋予第一印象的特别位置。

4. 餐厅、酒吧、宴会厅及多功能厅的清洁保养(见表 2-31)

表 2-31　餐厅、酒吧、宴会厅及多功能厅的清洁保养

区域	清洁保养内容	特别提醒
餐厅、酒吧、宴会厅	(1)清除餐桌、工作台等处的食物、酒水饮料等的残留物和污渍 (2)做好沙发、座椅、家具、灯具及各种装饰物的除尘、除渍 (3)做好墙面、地面的除尘、除渍 (4)做好门窗和通风口的除尘 (5)喷洒杀虫剂,除虫灭害	清洁保养工作应安排在营业结束后或非营业高峰时段进行,所使用的清洁剂应无刺激性气味

续表

区域	清洁保养内容	特别提醒
多功能厅	（1）活动前，对地面进行清洁保养，并协助有关部门布置场地 （2）活动中，客房部合理调配人力，随时保持场地清洁 （3）活动后，客房部协助有关部门恢复场地，并进行必要的清洁保养 （4）定期对多功能厅进行全面彻底的清洁保养	多功能厅是饭店举办大型宴会、会议及其他大型活动的场所，应根据活动安排做好清洁保养工作

5. 后台区域清洁保养（见表 2-32）

表 2-32　　　　　　后台区域清洁保养

区域	清洁保养内容	特别提醒
走道 （员工通道）	每天清洁地面，除去垃圾杂物，定期刷洗地面，除去墙面污渍	因各部门员工上下班时间不同，更衣室人员的流动性较大，要随时整理，保持整洁
员工更衣室	清洁地面，做好浴室的卫生工作，家具设备除尘，倾倒垃圾杂物，整理长凳，收拾衣架，补充卫生用品	
办公室 （办公区域）	清洁地面、桌椅、四周环境，及时清除垃圾	办公室的清洁保养工作一般应在上班前或下班后进行，中间时段可视具体情况简单整理一次。清洁整理时不要随便丢弃桌面等处的便条物品等，以防文件丢失

6. 环境绿化

环境绿化是饭店装修的一个重要环节，也是营造休闲舒适环境的重要组成部分。环境绿化通常包括饭店花园绿化和室内绿植盆栽，一般由专业花匠负责，主要工作包括：

（1）钻研花木栽培知识并努力提高绿化品位。

（2）爱护花木，适时地修剪、施肥、浇水、松土、除草。力争养活、养好，发现枯死的花木，应及时上报。

（3）虫害肆虐期，在不影响客人的前提下，及时喷洒农药，做好灭虫工作。

（4）室内绿植按规定位置摆放，并定期调换、养护，擦去叶面尘土。每天清洁花盆、花台，保持清洁整齐。

（5）对于重大任务，应根据饭店的通知进行重点绿化布置。

（6）重要客人的房间应提前准备好鲜花送至相应楼层交给客房服务员。花草摆放切忌客人忌讳的花卉和颜色。

7. 虫害预防

虫害不仅会对饭店的设施设备及物品造成直接损坏，还会污染环境、传播疾病、酿成事故。因此，除虫灭害是饭店一项不可忽视的重要任务。对虫害的预防应做好以下工作：

（1）切实搞好日常清洁卫生工作和计划卫生工作，消灭害虫滋生的条件。

（2）高度重视，专人负责。

（3）请专业人员杀灭害虫。

模块 6　设施设备的维护保养

一、家具设备的维护保养

客房家具设备在长期出租使用过程中，受到环境和使用者的影响，会发生磨损、故障，甚至彻底失去使用功能，因此就要进行大修或更换新家具、新设备，这无疑增加了饭店的运营成本。为此必须建立科学有效的家具设备管理机制，加大管理力度，科学合理地制订维护保养计划。

为保证客房设备处于完好的状态,并随时可以投入使用,提高利用率,减少设备磨损,延长使用寿命,降低客房的运营和维修成本,必须贯彻"养修并重,预防为主"的原则,做到定期保养,正确处理使用、保养和维修的关系,避免"只用不养"或"只修不养"。客房服务员在日常维护和保养家具设备时,应做到"三好"(管好、用好、维护好)、"四会"(会操作、会保养、会检查、会简单维修),保证设备性能完好可靠。家具设备的维护保养见表 2-33。

表 2-33　　　　　　　　家具设备的维护保养

名称		维护保养要点
床具	床架	（1）注意防潮、防热、防火、防尘、防虫蛀 （2）经常检查其牢固程度,特别是床脚有无损坏或脱落,注意观察床架受力时有无晃动和声响,若发现损坏,应及时修补 （3）靠近卫生间一侧的床,放置时要距墙 10 cm 以上
	床垫	（1）床垫上铺一层褥垫,并用松紧带在四角固定,起到一定的隔离污染的作用 （2）定期翻转床垫,使其受力均匀（可以在四角标号,以帮助记忆） （3）经常检查床垫弹簧是否完好,弹簧的固定钮是否脱落 （4）淡季清扫客房时,撤床后可先清洁卫生间,后铺床,让床垫充分通风,有利于防潮
木质家具	壁柜、行李架、写字台、梳妆台、休闲椅、茶几、床头柜	（1）防潮:木质家具受潮后,容易变形、发霉、开胶、脱漆,因此,清洁木质家具时,不能用过湿的抹布擦拭,应及时将水滴擦干;家具摆放时,不要靠紧墙壁,应与墙相距 5~10 cm （2）防热:避免阳光直射、暴晒、烘烤,远离暖气等热源,桌面放置过热物品时,使用隔热垫 （3）防虫蛀:注意防潮和清洁,定期喷洒杀虫剂或放置防虫香等 （4）防摩擦:摆放在桌面上的物品底部要光滑,摆放时要轻拿轻放;移动家具时切勿生拉硬拽,要将家具抬离地面,轻起轻放 （5）定期打蜡:首先去除家具表面的浮尘和污渍,然后涂家具蜡,尽量保持均匀,待干燥后,用干净细软的干抹布擦拭两遍

续表

名称		维护保养要点
软包家具	沙发椅面、床头靠背	(1) 每周至少吸尘一次，注意去除死角、织物结构间的积尘 (2) 如有污渍，可用干净抹布蘸水拭去，为了不留下痕迹，最好从污渍外围抹起。丝绒家具不可沾水，应使用干洗剂。可以在沙发上铺一块干净湿抹布，然后用熨斗以较低的温度熨烫，这样便能引出渗入的湿气和污物，使用这种方法时，所用的抹布不能太薄，熨斗的温度也不得过高 (3) 还可以采用沙发或地毯专用清洁剂，用干净的抹布蘸少量清洁剂，在脏处反复擦拭，直至去掉污渍。切勿大量用水擦洗，以免水渗入沙发内层，造成沙发内里框架受潮、变形以及沙发布缩水，从而影响沙发整体的外观造型 (4) 如果沙发垫双面可用，应每周翻转一次，使磨损分布均匀。也可经常将垫子拿到户外拍打，疏松内部纤维，使沙发保持弹性 (5) 沙发的扶手、坐垫易脏，可在上面放置与沙发比例相符的花垫 (6) 一般每使用3个月至半年清洗一次。新沙发购回时，可喷上布面保洁剂，防止脏污或油水吸附 (7) 如发现线头松脱，不要用手扯断，应用剪刀剪平
电气设备	电视机	(1) 放置在通风处，距墙壁5 cm以上，远离高温、潮湿、多尘土的环境和磁性物品，屏幕要背对窗户，避免阳光直射。电视机最好面南朝北摆放，以减少地磁对彩色显像管的影响 (2) 开机时机身不要遮盖。雷雨天气最好关机并拔下电源插头 (3) 平时用柔软的干抹布和中性清洁剂擦拭 (4) 电视机若长期不用，要加罩，拔下电源插头，但须定期通电去潮气。夏季每月一次，每次2 h以上；冬季每3个月一次，每次3 h以上 (5) 遥控器要及时更换电池，长期不用要取出电池
	电冰箱	(1) 搬动时切忌剧烈震动，箱体要直立，倾斜角度不超过45°，绝对不可以倒置 (2) 摆放时，背部应距墙10 cm以上，要使用独立的电源插座，有可靠的地线保护 (3) 冰箱内不能存放汽油、酒精等挥发性易燃物品；瓶装或罐装的气体饮料不能放在冷冻室内，冷藏室内物品不宜过多，不要紧贴后壁，不能放入热的食物

续表

名称		维护保养要点
电气设备	空调	（1）每天擦拭机器外部，内部冷凝器、蒸发器等处的灰尘可用软刷进行清洁，过滤网应每2~3周清洗一次。具体做法为：摘下后，先除去过滤网上的积尘，再用低于40 ℃的温水或肥皂水、中性洗涤剂清洗，最后用清水冲净、擦干 （2）重新启动时，要等3 min以上 （3）使用冷气时，最好比室外温度低4~5 ℃；使用暖气时，控制在18~20 ℃
常用器皿	陶瓷器皿、玻璃器皿	（1）新的陶瓷器皿、玻璃器皿必须清洗干净并经消毒后使用，凡有破损或裂纹的一律不准送往客房 （2）使用时轻拿轻放，陶瓷器皿与玻璃器皿应分别洗涤，以防相互碰撞而破裂 （3）摆放时应保持疏密适中，不要叠放或重压 （4）注意分类保管
	铜器	用蘸有擦铜水的干抹布擦拭铜器，去除污渍，待擦铜水干后，用干净抹布反复擦亮铜器。操作时，要用报纸或垫纸等铺在所擦拭物品下的地毯上或贴在铜器边的家具、墙壁上，以防被擦铜水腐蚀

二、不同材料地面的清洁保养

根据饭店不同区域功能的不同，选用不同材料的地面，主要包括地毯和硬质地面两大类，其清洁保养方法也有所不同。

1. 地毯的清洁保养

地毯因其美观、安全、舒适、清洁、吸音、保温等特点，除了用于客房内，还被广泛地应用于饭店餐厅、会议室、走廊等场所。地毯根据制作原料的不同分为很多种，且各有优缺点。地毯的种类及优缺点见表2-34。

表 2-34　　　　　　　　　　地毯的种类及优缺点

种类		优点	缺点
羊毛地毯	纯羊毛地毯	纯羊毛地毯是高级客房、会客厅等场所地面使用的高级装饰材料。绵羊毛的纤维长，拉力大，弹性好，有光泽，装饰性强，保温效果好，不易产生静电	易受潮霉变、缩水变形、被虫蛀，保养难度大，价格高
	羊毛混纺地毯	羊毛混纺地毯是以羊毛纤维与各种合成纤维混纺而成的地面装饰材料，其中羊毛所占比例在20%~80%，低于20%为化纤地毯，高于80%为羊毛地毯。混纺地毯中因掺有合成纤维，所以价格较低，使用性能提升。在羊毛纤维中加入20%的尼龙纤维混纺后，可使地毯的耐磨性提高5倍，而装饰性能不亚于纯毛地毯，并且价格较实惠	混纺地毯在制作时，一定要跟适合的材质相混合。比如，若没有加入尼龙纤维，混纺地毯的耐磨性能就没有那么高了，容易积灰。与化纤地毯相比，不易保养，寿命较短
化学纤维地毯	聚酰胺纤维地毯（尼龙、锦纶）	强度优异，耐磨度高，不蛀不霉，遇火不燃只熔化，耐碱	耐热性差，不耐酸，手感发涩，不抗静电
	聚酯纤维地毯（涤纶）	抗皱性和保形性好，耐热性优于锦纶，耐磨性好（仅次于锦纶），绝缘性好，耐碱	染色性差，织物表面易起球，吸湿性能低
	聚丙烯纤维地毯（丙纶）	强度高，弹性好，耐腐蚀，耐磨性好，不易沾染污物	染色性和耐光性差，耐热性略差，易收缩
	聚丙烯腈纤维地毯（腈纶）	手感外观像羊毛，可与羊毛混纺，弹性好，不易变形，易洗、易干，不霉不蛀，耐光性好，易染色	耐磨性和耐碱性较差

　　地毯的更新周期一般为5~7年，但这并不意味着可以忽视地毯的保养。若保养不善，不到2年便面目全非；若保养得好，5年后仍美观、柔软如新。因此，在饭店运转中对地毯的清洁、保养绝不可以掉以轻心。做好地毯的清洁保养一般要做到以下几点：

（1）每天吸尘。通常情况下，地毯上的污垢可以分为干性污垢和湿性污垢两大类，其中干性污垢占大多数。当人们从外面走进来，同时会将这两种污垢带入。干性污垢因为没有黏性，随着人们的走动，通常会落到地毯的底部，导致污垢越积越多，而使用吸尘器吸除是最有效、简便的方法。

吸尘前必须先把大颗粒的杂质清理干净，再用吸尘器吸尘。吸尘工作必须每天进行，特别是人多的地方应一天内多次吸尘。一般情况下使用普通吸尘器，必要时可使用滚擦式吸尘器，彻底吸除地毯底部的灰尘和杂质。每天吸尘不但可以吸除地毯内的灰尘、砂砾，而且能够减少地毯的洗涤次数，恢复地毯纤维的弹性，从而延长地毯的使用寿命。

（2）局部除渍。湿性的污垢因为有黏性，会附着在地毯上，单用吸尘器很难吸除，因此就需要使用专门的清洁设备和清洁剂。这些黏性污垢开始只是吸附在地毯纤维的表面，但时间一长，就会变得像胶水一样，如果不及时清除，污染范围会越来越大，清除难度也会更大。常见地毯污渍的种类及处理方法见表 2-35。

表 2-35　　　　　　　常见地毯污渍的种类及处理方法

种类	处理方法
咖啡、果汁、牛奶、可乐等	（1）先彻底吸干汁液 （2）用海绵蘸上清洁剂擦拭并吸干 （3）用清水擦净并吸干 （4）如有必要，可重复进行以上（2）、（3）步骤
油脂类	（1）彻底刮除或吸干掉落在地毯上的油脂块 （2）用海绵蘸上热碱性溶液或干洗溶液擦拭并吸干 （3）用清水将残留溶液擦净吸干 （4）如有必要，可重复进行以上（2）、（3）步骤
口香糖	（1）将口香糖除渍剂喷在口香糖上或用干冰冷却口香糖 （2）待其硬化后用钝刀刮除或用硬物将其敲碎、剔除 （3）若还有痕迹，可用酒精擦拭并吸干

续表

种类	处理方法
蜡油	（1）刮去蜡渍 （2）在蜡斑上覆上一块潮湿干净的抹布 （3）用熨斗熨烫有蜡部位，使蜡熔化，被抹布吸干
尿液	（1）用纸巾或干抹布将未干的尿液彻底吸干 （2）用海绵蘸上酸性清洁剂或白醋溶液擦拭并吸干 （3）用温水过清并吸干 （4）如有必要，可重复进行以上（2）、（3）步骤
血渍	（1）用海绵蘸上冷水或冷盐水擦拭并吸干 （2）若还有痕迹，可用海绵蘸上清洁剂擦拭并吸干 （3）最后用清水擦净并吸干
呕吐物	（1）清除脏物 （2）用碱性清洁剂或干洗剂擦拭，吸干 （3）用清水清洁，吸干
酒液	（1）立即吸干酒液，在污渍处撒盐约2h后，用吸尘器吸净 （2）若酒液已干，用海绵蘸上清洁剂擦拭，再用清水擦净并吸干 （3）对酒液痕迹可用漂白剂处理，并吸干
烧损痕迹	（1）轻度烧损可用软刷擦刷，用刀片刮去烧焦部分并除净，再用清洁剂擦拭，用清水擦净并吸干，最后用软刷将纤维梳理好 （2）若为严重烧损，将烧焦部分剪掉，再用相同大小的地毯块粘贴或织补，并用软刷梳理，消除痕迹
压痕	用熨斗熨烫，再用软刷梳理毯绒，消除压痕

> **小提示**
>
> 1. 清除地毯污渍应选用干抹布、软刷、吹风机、海绵等工具。
> 2. 在除渍前，如果地毯上仍有液体残留，则要先吸干后再清洁。
> 3. 若使用清洁剂，则必须用清水洗净。
> 4. 地毯除渍后必须立即吹干。
> 5. 清洁剂用温水调兑后使用效果更佳。

（3）阶段性清洗。地毯使用一段时间后，要进行全面彻底的清洗，饭店可以根据实际情况决定清洗方法和间隔时间。地毯常用的清洗方法见表 2-36。

表 2-36　　　　　　　地毯常用的清洗方法

清洗方法	操作要领	适用范围	优缺点
干粉洗法	（1）用吸尘器吸净尘土 （2）把清洁剂均匀洒在地毯上 （3）用长扫帚或压粉机将清洁剂压入地毯内，并停留约 50 min （4）用吸尘器彻底吸净	适用于小面积地毯的清洁	优点：不会使地毯过湿和缩水，清洁时对其他工作无影响 缺点：不能用于彻底清洁地毯
干泡洗法	（1）用吸尘器吸净尘土 （2）在水桶中把清洁剂按比例调兑好，倒入干泡机内 （3）用干泡机将清洁泡沫按一定的走向擦入地毯 （4）待地毯完全风干后，彻底吸净	适用于不是很脏地毯的清洁	优点：对地毯损伤较小，影响地毯使用的时间较短 缺点：必须由专业人士操作，干泡机机身较重，对地毯纤维有损伤。停止使用后要马上移出地毯或用保护垫垫在机器底部
喷吸法	（1）用吸尘器吸净尘土 （2）将调兑好的清洁剂倒入洗地毯机中 （3）边喷边吸 （4）待地毯彻底风干后（必要时可用吹风机风干），彻底吸净	适用于较脏地毯的清洁	优点：去污效果好 缺点：清洗后地面湿度较大，对地毯损伤较大，必须由专业人士操作，一般一年只能洗 1~2 次
湿旋法	（1）用吸尘器吸净尘土 （2）将调兑好的清洁剂倒入洗地毯机器中 （3）将清洁剂溶液均匀洒在地毯上，用底盘在地毯上旋转擦洗，用吸水机吸水，过清，再吸水 （4）待地毯风干后（必要时可用吹风机吹干），彻底吸净	适用于较脏化纤地毯的清洁	优点：清洗较彻底 缺点：这是一种较为传统的清洗方法，清洗后的地毯湿度较大，会使化纤地毯缩水、褪色，对地毯的损伤较大；清洗时需要封闭工作区，影响地毯使用的时间较长，不能用于羊毛地毯的清洁

（4）采取预防性措施。饭店地毯的污染源主要有：客人和服务人员从外面带进来的污染物、工作车车轮带来的污染、行李车上的污染物、工程维修产生的污染物、房间浴室污渍、厨房的油污等。做好这些区域地毯的保养，应尽量减少污染源。

1）喷洒防污剂。地毯在使用前，先喷洒专用的防污剂，在纤维外表面形成一层保护层，隔绝污物的渗透，以便于日常清洁。

2）阻隔污染源。在出入口、通道口处铺上长毯或踏脚垫，避免或减少尘土被带入室内，减轻对地毯的污染。工程维修时做好防护措施，在施工处垫报废床单。

3）加强服务。观察客人的需要，提供及时周到的服务。例如，在饭店门口提供伞架，或下雨天提供雨具套；为客人提供吃水果所需的专门用具，防止地毯被污染。

2. 硬质地面的清洁保养

饭店常见的硬质地面有混凝土地面、柏油地面、水泥地面、水磨石地面、大理石地面、花岗岩地面、瓷砖地面、木质地面。硬质地面的清洁保养一般包括日常清洁工作和打蜡抛光工作。

（1）日常清洁。不同类型硬质地面的清洁保养方法及注意事项见表 2-37。

表 2-37　不同类型硬质地面的清洁保养方法及注意事项

类型	清洁保养方法	注意事项
水泥地面	（1）每天用扫帚或牵尘剂处理过的尘推拖把清除地面垃圾和灰尘 （2）如有水泥垢、锈疤、矿物质堆积等，可用水泥清洁剂进行清洁	水泥清洁剂呈酸性，一般须稀释后再用，注意不要长时间接触皮肤，也不可过量使用

续表

类型	清洁保养方法	注意事项
水磨石地面	（1）每天用扫帚清扫，去除砂砾，或用处理过的无油拖把除尘 （2）定期保养，使用柔性清洁剂湿拖或用机器刷擦	要用合成纤维垫抛光，不要用钢丝绒；不能使用油拖把，因为地面沾上油脂后很难清除
大理石地面	（1）平时可用扫帚、拖把、吸尘器或排拖简单除尘 （2）饭店必须定期用洗地机清洁，才能洗掉地面上较深脏垢和用拖把无法清除的脏物 （3）对洗地机无法洗到的地方可用拖把擦洗或用海绵人工擦洗	避免使用任何酸性清洁剂及砂粉或粉状清洁剂，不能使用肥皂水，不能使用粗糙物在地面上摩擦。使用清洁剂时，不可将其直接用于地面，防止清洁剂中的盐分被大理石表面吸收
瓷砖地面	必须用专用抹布擦干地面，视其脏污程度决定是否使用清洁剂	应使用中性清洁剂，不可使用粉状清洁剂。日常擦洗一定要将接缝擦干，并定期用刷子蘸上清洁剂擦洗接缝
木质地面	（1）日常可用抹布或经过牵尘剂浸泡的拖把除尘 （2）一般污垢可用稀释后的中性清洁剂清洗	天气潮湿时，注意通风去潮

（2）打蜡抛光

1）工具和材料：洗地机、吸水机、抛光机、拖把、钢丝绒、起蜡水、地面蜡、打蜡机。

2）程序和方法

①搬走所需打蜡地面上的所有家具和物品（尽量选择晚上10点后进行，并放置提示牌提醒客人）。

②用拖把将起蜡水均匀涂于待洗地面，除去地面陈蜡。

③用洗地机清洗地面，吸除残液。

④用钢丝绒擦除墙角陈蜡。

⑤用清水清洗地面。

⑥待地面完全干透,用打蜡机将第一层蜡均匀涂于地面。从前向后退,蜡的喷涂要薄而均匀。

⑦待蜡层风干后抛光。用抛光机轻度打磨,使蜡面平滑牢固。

⑧上第二层蜡并抛光。在第一层蜡抛光约 4 h 后才能用同样的方法涂蜡,干后再抛光。

⑨上第三层蜡并抛光。在第二层蜡干透 4~8 h 后再涂上一层很薄的蜡,干后再抛光即可。

3)注意事项

①蜡有底蜡、面蜡之分。底蜡用于封堵硬质地面上的小气孔,面蜡用于日常的保养。

②对于大理石、花岗岩、水磨石等孔缝多的地面,通常使用水性底蜡和面蜡,水性底蜡可保持 1~3 年。木质材料使用油性底蜡及面蜡,油性底蜡可保持 3~5 年。

③应选择晴好的天气打蜡,避免将尘土带入打蜡区域。

④防止碰撞墙面和其他物件。

⑤注意操作安全。

三、不同材料墙面的清洁保养

饭店对墙面的装饰程度不亚于地面,不同材料墙面的清洁保养方法见表 2-38。

表 2-38　　　　　不同材料墙面的清洁保养方法

种类	清洁保养方法
硬质墙面	(1) 每天掸去表面的浮尘 (2) 定期用起蜡水清洁保养 (3) 对卫生间的墙面,可定期使用清洁剂,并用清水擦拭

续表

种类	清洁保养方法
墙纸墙布墙面	（1）定期用吸尘器对墙面进行吸尘清洁（注意吸尘器要换上专用吸头） （2）平时发现特殊污渍要及时擦拭。具体操作如下：不怕水的墙面，可使用中性或弱碱性清洁剂，用毛巾或牙刷清洁，最后用干抹布吸干；怕水的墙面，应采用干擦法，使用橡皮或橡皮泥类的清洁剂去除，也可用毛巾蘸少量清洁液拧干后擦拭
软墙面	（1）每天用干抹布擦拭或用吸尘器吸去表面的浮尘，绝对不能水洗 （2）对于污渍，可用刷子蘸取少量稀释的地毯清洁剂刷洗，再用干净的抹布擦去泡沫晒干即可
木质墙面	（1）每天用微潮的抹布擦去尘土、污渍 （2）定期用家具蜡打蜡抛光
涂料墙面	（1）每天用干抹布掸尘 （2）发现霉点或污渍，用潮湿的抹布擦拭 （3）对于较严重的霉点，可喷洒除霉剂并擦拭 （4）定期重新粉刷
油漆墙面	用微潮的抹布擦拭清洁，忌用溶剂除渍

【综合测试】

一、测试内容

中式铺床。

二、测试准备

1. 场地准备：客房实训室。

2. 物品准备：1.2 m×2 m 的床、2.8 m×2 m 的床单、2.35 m×1.85 m 的被套、2.3 m×1.8 m 的被芯、0.75 m×0.45 m 的枕芯、0.78 m×0.48 m 的枕套。

三、考核表

项目	操作要求	分值	得分
床单 (20分)	开单抛单一次成功（两次扣1分，三次及以上不得分）	3	
	打单定位一次成功（两次扣1分，三次及以上不得分）	2	
	床单中线居中，不偏离床中线（偏2 cm以内不扣分，2~3 cm扣1分，3 cm以上不得分）	3	
	床单正反面准确，表面平整光滑	4	
	包角紧密垂直且平整，式样统一；四边掖边紧密且平整	8	
被套 (10分)	一次抛开（两次扣2分，三次及以上不得分），表面平整光滑	8	
	被套正反面准确，被套开口在床尾	2	
羽绒被 (40分)	羽绒被放于床尾，长宽方向与被套一致	2	
	抓住羽绒被两角一次性套入被套内，抖开被芯，操作规范、利落（两次扣2分，三次及以上不得分）	10	
	抓住床尾两角抖开羽绒被并一次抛开定位（整理一次扣2分，以此类推），被子与床头平齐	6	
	被套中线居中，不偏离床中线	4	
	羽绒被在被套内四角到位，饱满、平展。被套表面平滑	6	
	被套口平整且要收口，羽绒被不外露（未收口扣1分）	4	
	羽绒被在床头翻折45 cm（每相差2 cm扣1分，不足2 cm不扣分）	8	

续表

项目	操作要求	分值	得分
枕头（2个）（10分）	四角到位，饱满挺括	4	
	枕头开口朝下，枕头边与床头边平行	2	
	枕头中线与床中线对齐	2	
	枕套沿无皱褶，表面平整，自然下垂	2	
综合印象（20分）	总体效果：三线对齐，平整美观	6	
	操作过程规范，动作娴熟、敏捷、优美	14	
合计		100	

第3单元 客房接待服务

模块1　接待服务的四个环节

一、迎客前的准备工作

1. 了解客情

服务人员要根据各自的职责范围详尽了解客人的宗教信仰、健康状况、生活习惯、接待标准等情况，充分熟悉和研究各个接待服务程序和细节，以保证接待服务工作圆满完成。

2. 布置客房

根据客人的宗教信仰、生活习惯和接待标准，调整家具设备，配齐日用品，补充小冰箱里的食品饮料。团队客人通常需要撤酒吧。对客人忌讳的用品要暂时撤换，以示尊重。房间布置完，还要对室内家具、水电设备及门锁等再进行一次全面检查，如果有损坏失效的，要及时维修或更换。

3. 检查房间设备及用品

对房间进行全面检查和保洁工作，确保客房清洁保养质量达标。

二、客人到店的迎接服务

1. 热情迎接

（1）客人出电梯后，主动问候："×先生/女士，早上好/下午好/

中午好，欢迎光临。"

（2）视情况询问客人是否需要帮助提拿行李。

（3）询问客人入住的房号。

2. 引领客人

（1）在客人左前方或右前方约一米处引领客人，步幅不要过大，速度不宜太快，尽量与客人的步速保持一致。途中介绍饭店情况，并回答客人的问题。

（2）到房门口后，告知客人这就是他的房间，按程序敲门进房。

（3）打开房门后，退到门边，请客人先进。待客人进房后，轻轻将行李放在行李架上。

3. 介绍客房

视情况向客人简单介绍房内设施设备及使用方法。如果客人熟悉客房设施，则无须介绍；如果客人旅途疲劳，客房服务员应另找适当机会再向客人介绍。

告诉客人客房服务电话，以便联系。

三、客人住店期间的服务

1. 客房整理服务

客人住宿期间，要经常保持客房清洁。清洁卫生工作要做到定时与随时相结合，每天上午按照程序进行彻底清扫和整理；午餐前进房保洁，午休后进房简单整理；晚饭后进房送水、开夜床；客人外出后可随时进房进行简单的清扫等。当然，客房的整理次数和规格，各饭店要按自己的档次和客人接待规格进行。

2. 客衣清洗服务

（1）客衣收取

1）客房清洁员每天早上9：30开始检查当日所清洁的住客房（一般9：30检查客人不在房内的住客房，10：30后检查客人在房的住客房）。

2）对于装在洗衣袋内的客衣，检查洗衣单的房号是否填写正确，然后将洗衣袋口扎好，送到楼层工作间。同时通知洗衣房收取，报明楼层。

3）中午12：00前必须到早上未能检查的房间再次收取客衣，然后按规定处理。

4）客房服务员应把12：00前未能收取客衣的DND房间上报房务中心。房务中心文员应做好相关记录。

5）洗衣房员工携带"客衣收取登记表"到相应楼层收取。收取时必须与楼层服务员共同到楼层工作间，根据实际情况做好签认工作。

（2）快洗及特殊要求服务

1）客人提出要快洗或有特殊洗涤要求的客衣，房务中心应通知楼层服务员及时进房收取。

2）按进房程序入房，进房后要用规范的礼貌用语向客人问好，了解清楚客人的洗涤要求，并在洗衣单上注明。

3）立即通知洗衣房员工收取，收取后在"客衣收取登记表"上登记。

（3）破损及褪色处理

1）洗衣房员工发现客衣可能有破损或褪色等其他情况，应书面通知客人，开具客衣确认单。

2）楼层服务员根据客人已经签名确认的客衣确认单，及时通知房务中心文员做好记录，同时通知洗衣房派人收取。

（4）送入客房

1）客衣洗好后，由洗衣房员工将洗好的客衣及洗衣袋送至客房。

2）洗衣房员工根据洗衣登记单核对房号后逐包送入客房，并在洗衣登记单上做好登记，然后将账单交前台入账。

3）如遇DND，洗衣房员工必须在洗衣登记单上标明，并将未送入房的客衣跟楼层中班交接,同时报房务中心做好记录及跟进工作。

4) 房务中心员工根据客人要求通知相关服务人员将客衣送入房。进房时必须按照进房程序入房。

5) 如客人不在房,洗衣房员工应把打包的衣服放于电视柜处,挂件挂入衣柜内。

6) 洗衣房将当日洗衣情况汇总,并将账单交至前台以供入账。

(5) 处理投诉。交洗的客衣如有破损或客人投诉,应及时查明情况,向领班或主管报告后妥善处理。

3. 借物服务

(1) 借物服务操作流程(见表3-1)

表3-1　　　　　　　借物服务操作流程

步骤	具体操作	注意事项
接到通知	客房服务员或前台服务员接到通知,核对服务需求和房号	客人可直接通知客房服务员取物或者通知到前台,再由前台服务员进行通知;夜间时段,客房若无服务人员可由兼职的安保人员完成送物服务
开单据	填写"物品租借单"或"杂项收费单"	对于收费项目,须开具"杂项收费单";不需要归还的物品不用填写"物品租借单"
准备物品	确保物品完好并能够正常使用	必备加借物:熨斗、烫板、插座、网线、充电器、指甲剪、红酒啤酒开瓶器、红酒杯、果盘、客用品(矿泉水、巾类、牙具、针线包、护理套等)。单日加借客用品单品类数量未超过2件不得收费
递送物品	"××先生/女士,这是您所需要的物品,请您仔细查看物品的安全使用说明。"(停顿片刻)询问客人是否有其他需求	一般5 min内送到物品,非楼层标配加借物在10 min内送到;在保证客房必配物品齐全的情况下,针对提出其他加借需求的客人,饭店须灵活掌控,杜绝因客人不满而投诉的情况

续表

步骤	具体操作	注意事项
交接班记录	做好交接班记录	便于退房时查看收回

（2）借用物品的管理与控制

1）所有外借物品必须加以编号，并定期检查。

2）外借物品有使用或质量问题应及时维修与更新。

3）对于所有的外借物品应做到有记录、明去处。外借物品设专用记录本记录。

4）房务中心文员应督促外借物品及时收回，以备其他客人借用。

5）如遇到客人需要借用，但又一时无法提供的情况，房务中心文员应首先向客人致歉，并说明情况以取得客人谅解，同时将客人的房号和需要借用的物品记录在等候名单上，待可以提供借用时，立即送至客人房间。

6）外借物品一旦收回，房务中心文员应及时将借用记录消除。

7）外借物品平时应分类存放，仔细保管。

8）部分外借物品还应定期清洁保养，核对数量。如有损坏或丢失应及时报损或报失。

9）外借物品应及时补充和添置，以确保客人的正常借用。

4. 托婴服务

（1）托婴服务一般由具有相关知识的员工提供。

（2）客人需要托婴服务应至少提前 2 h 提出，以便让相关员工做好准备。

（3）接受托婴服务时必须问清孩子的情况和家长的各项要求，包括喂食、喝水、玩耍、洗澡、大小便、睡觉以及需要服务的时间等各种情况，并且请家长预先留下联系方式，以备紧急情况时使用。

（4）如果托婴服务所需时间较长或直到深夜，接受服务时可要求委托人加付部分交通费用，以便员工返回。

（5）如果需要可以准备部分玩具（可到仓库借取，但必须注意消毒）。

（6）提供托婴服务时，员工应面带微笑，轻柔地和孩子打招呼，吸引孩子的注意力，博取好感，然后尽可能融入角色，把孩子当作自己的亲人对待。

（7）托婴服务结束后应请客人在标明服务价格和时间的"杂项收费单"上签字，然后将账单送交前台入账。

（8）事先商议好的因提供托婴服务而产生的交通费应由委托人转交员工。

5. 擦鞋服务

擦鞋服务操作流程见表3-2。

表 3-2　　　　　　　　擦鞋服务操作流程

步骤	具体操作	注意事项
皮鞋收取	（1）客人在楼层或前台提出擦鞋服务需求 （2）楼层服务员获取需求后在工作表上做好记录（包括时间） （3）前往记录房号收取皮鞋	（1）凡是放于鞋篮内的鞋子都应及时收取 （2）为了避免损坏，对于鹿皮、布面或一些难处理的鞋子，饭店不提供擦鞋服务。应礼貌地与客人沟通以取得谅解
皮鞋清洁	（1）收取客人的皮鞋至工作间，立即写好房号牌置鞋内并做好记录 （2）擦鞋时要先铺上一层纸再剔除鞋面和鞋底的泥沙等，以免弄脏地面 （3）解开并拿掉鞋带。根据鞋子的质地和色泽选用合适的鞋油和鞋刷，擦好鞋油后再用软抹布抛光 （4）注意鞋边、鞋舌、鞋底要擦净，不可将鞋内侧和鞋带弄脏	可将房号写在小纸条上放入鞋内，或用粉笔在鞋底写上房号，以免弄错；不要将鞋油弄到鞋内，鞋带不上油，有异色装饰线的鞋子不可使用有色鞋油；鞋头要光亮，鞋底不能留有泥沙，应特别注意雨天的擦鞋服务

续表

步骤	具体操作	注意事项
皮鞋返回	检查无误后应准时送回相应客房	如客人无特别要求，鞋子应在1 h内擦好送回客房

6. 会客服务

（1）送茶服务

1）送茶的装盘要求

①装盘时，托盘内要保持平滑，托盘垫巾要保持洁净。

②杯子在托盘中应均匀分布，以保持托盘平衡。

2）送茶的一般顺序

①先来宾、后主人；先女士、后男士；先长辈、后晚辈；先领导、后陪同。

②如来宾较多，为主宾送茶后，其他人可按顺时针方向服务。

3）送茶的要求

①送茶时左手的托盘要保持平稳，用右手服务。

②从正面服务，要求略弯腰，将托盘置于身前略高于茶几处，从托盘上派送。

③如需要侧身服务，应直立，将托盘转至身体左侧，从客人的右手处进行服务。

④送茶时，一般先把托盘外侧的茶杯递给客人，以保持托盘的平稳。

⑤落杯时，用右手拇指抵住杯盖，食指挽住杯柄的套圈，中指指尖抵住杯底，从指尖处轻轻将茶杯放下。注意不要让茶杯发出声响。

⑥茶杯放下后，应将杯柄轻轻转到靠客人右手处，以便客人取用。

⑦右掌伸平，掌心向内指尖向下并微微倾斜，指向茶杯，向客

人示意，配合礼貌敬语，请客人用茶。

4）送茶的礼貌敬语。"××女士/先生，请用茶。"

5）退出

①送完茶后，应面对客人倒退三步，然后双目注视客人，诚恳地询问客人是否需要其他服务。

②如客人需要，应立即提供服务。

③如客人不需要服务，应礼貌地向客人道别，并祝客人在饭店居住愉快，然后退出。

6）退出时的敬语。"先生/女士，祝您在本饭店居住愉快！"

（2）访客接待服务

1）遇到住店客人不在房间而有人拜访的情况，员工不能为访客开门，也不能让访客私自进入该客房。

2）应该建议访客留言或待会儿再来。

3）可请访客到大堂休息区等候。

4）将访客送至客梯口，目送访客离开。

5）如果访客有物品需要放入房间，员工不能私自处理。

6）员工可建议访客到礼宾部办理寄存手续。

7）由于员工未按程序操作给客人及饭店造成影响的，将按相关规定处罚。

7. 小酒吧服务

（1）日常检查

1）员工每天清洁房间时必须检查小酒吧的消费情况。

2）如发现小酒吧产生消费，应将使用情况报给房务中心，由房务中心文员报给总台入账。

（2）退房检查

1）如果前厅结账处通知房务中心某客房退房，房务中心文员必须通知相关员工，由该员工负责查房。

2）早上 8：00 前由夜班员工负责检查，8：00 以后由相关清洁员负责检查。

3）员工查房后，应立即将检查结果通知房务中心，房务中心文员须做好记录后再报总台。

4）如发现小酒吧产生消费，应将消费品名及数量报给房务中心，房务中心文员做好记录后报给总台。

5）如有其他消费也应将消费品名及数量报给房务中心，再由房务中心报给总台进行入账。

(3) 其他检查

1）按保质期定期更换小酒吧的物品，每月的 1—3 日为小酒吧检查日。

2）不定期检查洋酒是否挥发，以便及时更换。

(4) 注意事项

1）如果遇到 DND 房间或无法进入的房间，应及时通知房务中心，由房务中心文员电话联系房内客人以确认是否可以进入。如房内无人接听，房务中心文员须联系大堂副理处理，员工不得擅自进入房间。

2）员工在清洁客房时，必须查看小酒吧使用情况与发生费用是否相符，如有不符，应及时通知房务中心，否则该费用由该员工自理。房务中心文员按实际费用开具逃账单，员工到房务中心凭单领取。

3）如发生因清洁员未及时查房或其他差错所造成的逃账，由该员工自赔（一般按进价）。

4）如发现清洁员虚报账目，将按账面价进行一罚十处理。

(5) 补充

1）小酒吧内的消耗品必须及时补入。

2）员工根据自己的报账记录填写小酒吧酒水单，由领班到房务中心领取小酒吧所需物品。

8. 叫醒服务

（1）叫醒服务程序

1）接听客人来电

①接到客人有关叫醒服务的电话时，准确记录客人要求叫醒的时间、房号等信息。

②重复客人的房号及要求叫醒的时间并得到客人确认。

③立即与总机联系，将所记录的内容一一告知总机并记录对方姓名。

2）接到总机来电

①接到总机关于客人未被叫醒的电话时，应将客人的房号准确记录下来。

②重复信息并得到总机人员的确认。

③立即联系有关服务人员，将需要叫醒的房号告知对方。

④及时进行跟踪，将最后解决的情况反馈给总机。

3）"双锁"及"请勿打扰"的处理

①如果遇到房间"双锁"或"请勿打扰"提示，客房服务员不能打扰客人，应及时将此信息反馈给房务中心。

②房务中心文员要立即将此情况通知总机并交于大堂副理处理。

③任何由于工作失职而造成的未被叫醒等其他后果，将按照饭店的规章制度处理。

（2）人工叫醒服务

1）前提。如总机没能叫醒客人，客房部可提供人工叫醒服务。

2）协助叫醒。房务中心接到总机通知后，派客房服务员到该房间，按门铃或按照进房程序入房，叫醒客人。

3）问候语。对客人礼貌地说："先生/女士，很抱歉打扰您，我是客房服务员，协助总机为您提供叫醒服务，现在是×点×分，祝您今天过得愉快。"

4）退出。客人表示明白后，道"再见"，后退三步，离开房间。

5）处理。如门口"请勿打扰"的指示灯亮着或挂有"请勿打扰"牌，员工应立即通知房务中心和总机，由总机联系大堂副理，采取相应措施，切忌不闻不顾仍然继续敲门。如有以上情况，该员工将承担一切后果，同时部门将按照饭店的规章制度加以处置。

9. 客房餐具收取服务

（1）员工在客用区域发现提供客房送餐服务的餐具和餐车，应及时将之移走。

（2）员工在清扫客房时如发现有送餐器皿，应及时整理收拾到餐盘或餐车上，并将之移走。

（3）移走的餐盘或餐车应送到工作间。

（4）任何时候员工都不能将餐盘或餐车暂时放置于走廊上，避免影响客人通行、影响饭店形象。

（5）餐盘或餐车移送到工作区域后，员工应打电话通知房务中心，由房务中心文员联系送餐服务部派员工前来收取。

（6）打扫和移动餐盘或餐车时都必须十分小心、谨慎，避免摔破或污损地毯、损坏墙面等。

（7）一旦发现地毯被餐盘内的汤汁滴溅，应及时用干净的抹布将汤汁吸干，并通知房务中心安排员工前来清洗。尽可能保持地毯不变色、不污损。

四、客人离店时的服务

1. 客人离店前的准备工作

（1）主动询问客人

1）了解客人结账离店的准确时间。

2）记住客人房间号码，主动询问客人离店前还需要办理的事项，如是否需要用餐、叫醒服务等。

（2）检查委托代办事项

1）检查是否还有未完成的代办事项。

2）注意检查账单，如洗衣单、小酒吧酒水单等，账单必须在客人离店前送到前台收银处，保证及时收款。

（3）提供行李服务。如果客人需要行李服务，应问清具体的搬运时间及行李件数，及时通知前厅部行李组，以便早做准备。

（4）征询客人的意见。主动征询即将离店客人的意见，并提醒客人检查自己的行李物品。

2. 送别客人

（1）礼貌道别。当客人离开房间时，应向其礼貌道别。如客人未委托行李员搬运行李，见客人离开房间，客房服务员应主动帮助客人提拿行李，送至电梯口。

（2）电梯服务。为客人按电梯，当电梯到达楼层时，用手挡着电梯活动门，请客人进入电梯，并协助行李员将行李送入电梯、放好。

当电梯门即将关闭时，面向客人微笑、鞠躬告别，并向客人表示欢迎再次光临。

3. 善后工作

（1）迅速进房仔细检查。如有遗留物品，立即派人追送。来不及送还的，交房务中心登记处理。同时，还应检查客房设备和用品有无损坏和丢失。如发现损坏和丢失现象，应及时报告主管。

（2）处理客人遗留事项。

（3）迅速整理、清洁客房。

模块 2　会议服务

一、会议类型

1. 一般会议

一般会议根据与会人数可分为小型会议、中型会议和大型会议。小型会议出席人数少则几人,多则几十人,但不超过 100 人;中型会议出席人数通常为 100~500 人;大型会议出席人数在 500 人以上。

2. 会见

会见是国际国内交往中常见的礼宾形式之一。会见根据双方身份是主或宾、职位是高或低、时间是先或后而区分为接见、拜见(拜会)、召见和回拜,一般统称为会见。会见的内容有礼节性的,也有实质性的,或者兼而有之。从会见的规格来说,从几十人到几百人不等。

3. 会谈

会谈是指双方或多方就政治、经济、文化、军事等共同关心的问题交换意见,或就具体业务进行谈判的活动。从内容上来说,会谈较为正式,政治性或专业性较强。会谈双方第一主人和第一主宾的身份一般是对等的,所负责的事务和业务也是对口的。

4. 签字仪式

国家间通过谈判就政治、经济和文化等达成协议,如文化交流协定、经济技术协定、贸易协定等,一般都要举行签字仪式予以确定。地方之间、单位之间大型的合同项目、合作项目达成协议,也都要举行签字仪式。

二、会议服务的流程

1. 会议前准备工作

（1）会议接待部门接到会议预订通知后，应及时核对会议日程安排是否存在冲突。如存在冲突，应及时通知业务联系人联系客户调整；如没有冲突，则将会场出租情况及时输入电脑。

（2）会议接待部门预订员与营销员做好会议预订通知单的相互确认，并将会议预订通知单及相关特殊要求传达给会场服务领班，由会场服务领班将会场服务任务分配给会场服务员。

（3）会场服务员根据"场地租赁联系单"及相关要求布置会场。常见的会场布置台型有剧院式台型、回字形台型、岛屿式台型等，如图3-1所示。各种场地类型的摆放方式及要求见表3-3。

a)　　　　　　　　b)　　　　　　　　c)

图3-1　常见的会场布置台型

a）剧院式台型　b）回字形台型　c）岛屿式台型

表3-3　各种场地类型的摆放方式及要求

场地类型	摆放方式及要求
会议厅	剧院式：正前方是主席台，面向主席台的是一排排的观众（听众）席，观众席座位前一般不设桌子。适合例会和大型代表会等不需要书写和记录的会议类型 课堂式：与剧院式相似，但与剧院式不同的是课堂式会在座位前方摆放桌子以方便参会人员记录。一些剧院式会议厅采用座椅边隐蔽式或折叠式写字台为参会者提供方便

续表

场地类型	摆放方式及要求
会议厅	宴会式：座位由大圆桌组成，每个圆桌可坐 5~20 人。宴会式布置一般用于中餐宴会和培训会议 　　鸡尾酒式：座位的布置比较灵活，没有固定的模式。一般不安排或仅仅安排少量座位，参会人员可自由走动交流 　　U 形：会议桌摆设成一面开口的 U 字形，椅子放置在 U 字形办公桌周围；如果需要投影，投影机将放在 U 形的开口处。相对于同一面积的其他类型会议室，这种摆放方式所能容纳的人数最少。一般适合小型的、讨论型的会议 　　回字形：会议桌摆成一个封闭的"回"字形状，椅子放置在"回"的外围。一般适用于小型的会议
会见厅	根据参加会见人数的多少、会场的形状和大小来确定布置形式。人数在十几人的会见，会见厅可按马蹄形、凹字形摆放。一般马蹄形或凹字形布置均用沙发，沙发后面摆放扶手椅供记录员和议员就座。沙发每两个为一组，中间加一茶几，茶几上方可按会见要求摆放一些设备与物品
会谈厅	根据会谈人数的多少，将长条桌呈横一字形或竖一字形摆放，桌子的中线要与正门的中轴线对齐。桌面上铺上台呢和白色台布，桌子两侧对称摆上扶手椅。主宾和主人的座位要居中相对摆放 　　横一字形布置：会谈桌呈横一字形摆放，主人应在背向正门的一侧就座，宾客应在面向正门的一侧就座 　　竖一字形布置：以进门方向为准，宾客座位于右侧，主人座位于左侧。译员安排在主持会谈的主宾和主人的右侧，记录员一般在会谈桌后侧另行布置的桌椅就座。如果参加会谈的人数较少，也可以按身份顺序在会谈桌末端就座

（4）会议服务具体要求

1）按开会人数、会议形式摆放好桌椅，要求前后左右对齐，并检查桌椅的牢固性、平稳性。

2）铺好台布，必要时围好台裙。台布和台裙要求无破损、无污渍、下垂、干净、平整。

3）根据会议需求准备好纸、笔，常规要求为放置两张信纸，夹在信纸夹中,摆放时注意放在座位正前方,信纸夹下端边缘距桌边1 cm;笔放在信纸夹笔槽中,笔尖朝向前方。

4)准备杯垫,摆放时应注意将饭店的标志正对客人,摆放位置在客人正前方。

5)准备干净的茶杯,按要求放好茶叶。茶杯应摆放在杯垫正中,未加开水前茶杯的把手应与前方桌沿垂直,把手正对客人,加好开水的茶杯应及时调整至把手向右倾斜45°,如图3-2所示。

图3-2 会议室茶杯摆放

6)鲜花、盆景、水果的摆放。鲜花、水果根据会议要求制作、摆放;盆景大小适宜,摆放合理。

7)会标、主席团名单、告示的布置与摆放

①会标按标准制作,字体一致,横平竖直,字间距相等。会场服务员按要求悬挂会标,确保横幅挺括。

②主席台名单按会场名牌规格制作,一式两份,两面正插。

③会议告示一般为会议地点指示牌,通常放置于大堂和会议室门口显眼处,并按规定时间在配有的电子显示屏处播放告示内容,以便与会客人寻找会议场地。

8)根据会场需求准备好投影设备,并通知电脑房工作人员进行安装调试。

9）对会场（地面、墙面等）进行清扫。

10）准备好开水、小方巾，并根据季节调试空调至适宜温度。

11）工程部检查会场灯光、音响、话筒、空调等设备是否完好，会场服务员对会场进行自查，当班主管领班对会场的布置、卫生进行检查，营销员对照会场要求进行检查，重要会议还须经理进行检查。

2. 会议接待服务

（1）会议开始前 10 min，会场服务员应面带微笑站立在会场门口迎候客人，主动、热情地以敬语问候，例如："先生/女士您好，欢迎光临！"

（2）确认客人是在本会议室内开会。

（3）引领入座。如正值客人入场高峰，一时无暇顾及，应先问候客人再有礼貌地请客人入场并自由入座。做到眼观六路、耳听八方，随时观察客人动态，及时满足客人的合理要求。

（4）及时为刚入座的客人添茶水，注意第一次加开水后及时将茶杯把手按规定摆放。

1）用左手的小指和无名指将杯盖夹起，手心朝上，做控杯的姿势以防水珠落在桌子上或打湿文件。

2）右手持水壶小心地向茶杯中倒入茶水，七分满即可。

3）轻轻盖好杯盖，将茶杯把手按规定摆放，然后做"请"的手势。

（5）座谈会形式，以主宾位开始，从客人右手边递上小方巾，同时对客人说："请用小方巾。"

（6）会议开始时，打开音响扩音设备以及话筒开关。

（7）会议进行中，如客人需要在合理范围内调整室内空调的温度，会场服务员应马上按要求去做；时刻关注客人在会期间的需求，如增加座椅、茶水、烟灰缸等，尽量满足客人。

(8) 间隔适当时间（每 15~20 min），按顺序（先主座，然后依次由右向左）为客人续茶水，按续茶规范操作。

(9) 如果有提供水果的服务，要适时收取果壳并更换果壳盘。

(10) 会议期间，还要及时关注会议室内的状况（如需要增加服务项目、音响出现问题等），发现问题及时处理或汇报上级。

3. 会议收尾工作

(1) 会议结束后及时请客人（组办会议负责人）在开好的"场地租赁联系单"上签字确认并留下电话，说明若开会客人有物品遗留在会议室，会电话告知。如客人未签字确认，由营销员签字确认。

(2) 待客人撤离会议室后，先将音响、投影仪及多余的照明灯等设备关闭，再将会场内茶杯、茶盖及茶叶水分别放置，同时将桌面明显废弃的物品收到垃圾桶内。

(3) 回收还能再次利用的信纸、铅笔及未用过的干净茶杯放至操作间指定位置。

(4) 如果本会议室在次日有预订好的会议，则须按会议预订单摆好桌椅；如近日没有预订会议，桌椅按此会议前的样子摆放整齐。若下一单有用餐预订，则将会议桌上的台布、台裙叠好，放至储物间并按规定摆放好。由用餐服务员将桌椅按用餐形式摆放好（收搬桌椅时要注意保护，避免碰撞损坏桌椅）。

(5) 用吸尘器将地面吸干净，撤掉横幅，收好话筒。

(6) 清洗茶杯

1) 将脏茶杯及杯盖放入清洗池内，倒入清水浸泡，再用清洁剂逐个清洗。

2) 用清水冲净洗过的茶杯，并放在规定的茶杯框内将水沥干。

3) 将沥干水的茶杯放入消毒柜内，按要求进行高温消毒。

模块 3　VIP 接待服务及个性化服务

一、VIP 接待服务

1. VIP 等级

VIP 即贵宾或主要宾客，是英文 very important person 的缩写。各饭店对 VIP 等级的划分不尽相同，以某饭店的 VIP 分类为例，VIP 从高到低分成 4 个等级。

（1）V1 级 VIP。各国国家领导人、国际知名人士。

（2）V2 级 VIP。省（部）级政府官员或领导、国内外著名企业董事长或总裁、入住总统套房的人、对饭店经营发展有重要贡献或影响的人士。

（3）V3 级 VIP。厅（局）级政府官员或领导、集团企业高层管理者、同行业重要领导、社会名流（演艺界、体育界、文化界人士）。

（4）V4 级 VIP。政府各单位接待的重要宾客、合约公司主要领导、饭店长住客人、饭店邀请的宾客、入住饭店客房 10 次以上的个人宾客。

2. VIP 客房布置

（1）V1 客房卧室布置要求，见表 3-4。

表 3-4　　　　　　　　V1 客房卧室布置要求

品名	规格	数量	摆放位置
鲜花	瓶花	3 瓶	客厅、卫生间、卧室
水果	高档果盘	1 盘	客厅茶几

续表

品名	规格	数量	摆放位置
欢迎点心	点心	3种	客厅茶几
酒水	进口红葡萄酒	1瓶	客厅茶几
夜床小食	小食	1盒	床头柜

（2）V2客房卧室布置要求，见表3-5。

表3-5　　　　　　V2客房卧室布置要求

品名	规格	数量	摆放位置
鲜花	瓶花	2瓶	客厅、卧室
水果	普通果盘	1盘	茶几
欢迎点心	点心	2种	茶几
酒水	高端酒水	1瓶	茶几
夜床小食	小食	1盒	床头柜

（3）V3客房卧室布置要求，见表3-6。

表3-6　　　　　　V3客房卧室布置要求

品名	规格	数量	摆放位置
鲜花	瓶花	1瓶	客厅
水果	欢迎水果	1份	客厅
欢迎点心	点心	1种	客厅
夜床小食	小食	1盒	床头柜

（4）V4客房卧室布置要求，见表3-7。

表3-7　　　　　　V4客房卧室布置要求

品名	规格	数量	摆放位置
鲜花	瓶花	1瓶	客厅

续表

品名	规格	数量	摆放位置
水果	欢迎水果	1份	客厅
夜床小食	小食	1盒	床头柜

3. VIP 接待服务

（1）VIP 抵达前的工作。接待 VIP 时，务必认真仔细提前做好准备，掌握 VIP 相关信息。客房服务员可通过贵宾接待通知单了解客情，包括贵宾的姓名、国籍、职业、职务、年龄、禁忌、宗教信仰、生活习惯、客房种类、随行人员、接待单位、接待标准、付款方式、抵离店日期和时间以及特殊要求等，以便客人到达时，能够称其名、道其职，根据其生活习惯安排工作，进而提供个性化服务，并根据 VIP 等级确定客房布置规格。

1）客房清扫。应派有经验的专人负责，全面清扫 VIP 客房，确保客房处于最佳清洁状态。VIP 房除按一般规程进行清理外，还须做好一些计划卫生项目，如家具打蜡、铜器擦亮及地毯除尘、除渍等，同时确认客房内的设施设备能正常运行。

2）客房布置。VIP 房的接待规格不同，相应客房内的物品配备也不同。因此客房布置要求应结合贵宾接待通知单，按照接待计划布置房间。如在 VIP 抵达前，在茶几上摆放鲜花、果盘；在写字台上摆放总经理欢迎卡，放置晚安小礼品等。

VIP 客房清扫并布置完毕后，须接受管理人员的层层检查，领班、主管、经理等须按照规格标准对房间进行逐级检查，确保无问题。VIP 若晚间抵达，还应做好开夜床服务。客房符合标准后关门，禁止不相关人员进出。

（2）VIP 抵达后服务。不同等级的 VIP，饭店通常会安排不同的接待规格，由不同级别的管理人员陪同进入楼层。如需要铺设红地毯，应提前在大堂门口铺设好，控制正门人员的出入，并开启侧门方便其他人员进出。

1) 热情迎接。相关迎接人员提前 15 min 到达大堂门口列队欢迎 VIP，接待员站在电梯口欢迎、问候客人，并引领客人至房间。向客人介绍客房及饭店内的设施，与客人简要确认入住期间的行程安排，包括用车、订餐、参会、参观等方面的具体需求。退出客房前，留下联络方式，向客人表示随时乐意为其服务，后退三步再转身离开，将房门轻轻关上。

2) 住店期间服务

①在 VIP 住店期间，接待员应能用客人姓氏和职务尊称客人，并主动问候，让 VIP 在住店期间感觉到特别的尊重和不同于普通客人的礼遇。

②观察 VIP 的生活起居习惯，根据掌握的客人情况和观察到的客人生活习惯、爱好、工作规律，把握服务时机，提供针对性服务。

③VIP 外出期间，客房服务员应对客房进行小整理服务，撤换客人用过的茶杯，收拾垃圾，更换客人用过的卫生间棉织品等。

④为 VIP 提供服务时，以不打扰客人的休息和正常生活起居为原则。同时，要注意将客人信息保密，不将客人的资料、房号告知无关人员，对特殊身份的访客更要谨慎，确保 VIP 的隐私安全。

⑤为 VIP 提供各项客房服务时，务必在客人最方便时进行服务，并根据要求随时提供服务。

(3) VIP 离店服务

1) 接到 VIP 离店通知后，应向客人表示问候，征询客人意见，询问是否需要帮忙。客人如无随从，通知相关人员协助搬运行李。

2) VIP 离开房间或楼层时，应向客人道别，为客人按下电梯按钮。道别时可以说"欢迎下次光临"或"一路平安"，如果客人乘飞机离开，不可以说"一路顺风"。等电梯门关闭并运行到下一楼层后，方可离开。

3）VIP 离开房间后，应迅速查房，检查有无客人的遗留物品，如发现有遗留物品，应尽快归还客人；客房设施设备如有损坏，应通知前厅或尽快找工程部给予处理，除非重大损失，一般不要求赔偿，以免给客人造成不良的印象。客人离开后，迅速清扫整理房间，补齐棉织品和客用品，以备下次出租。

二、个性化服务

近年来，随着饭店业的飞速发展，个性化服务在饭店中的作用越来越重要。饭店不仅需要规范化服务，还需要个性化服务来提升服务质量。规范化服务是饭店服务的基础，个性化服务是饭店服务的灵魂。只有基础扎实，灵魂才能得到充分的发挥。如果把规范化服务看成一棵树的枝干，个性化服务就是树上的花叶。花叶因枝干茁壮而艳丽，枝干因花叶的繁茂而显得生机勃勃。

个性化服务是指针对客人的不同需求或潜在需求，提供有别于标准的、具有附加价值的服务。它有两层含义：一是指以标准化服务为基础，但不拘泥于标准，而是以客人需要为中心，提供各种有针对性的差异化服务及常规的特殊服务，以便让接受服务的客人获得自豪感和满足感；二是指服务企业提供具有自己个性和特色的服务项目，目的是使服务持续改进，使客人获得持续满足。

个性化服务以其鲜明的针对性、灵活性和超常性成为饭店服务的趋势。个性化服务使客人的独特个性得以施展，获得心理上和精神上的满足与愉悦，从而赢得客人的忠诚而成为回头客，为企业增加效益。

模块 4　其他服务

一、特殊宾客服务

1. 残障宾客服务

我国饭店星级评定标准规定：三星级以上的饭店必须有为残疾人提供服务的设施和项目，如带扶手或低座的马桶、带扶手的浴缸、淋浴软管喷头、加宽门、坡道等。常见残障类型有腿部残疾、盲人或视力不佳、听力不佳等。在接待服务中，要根据客人身体状况提供针对性服务。

（1）客人抵店前，应根据预订资料，提前了解客人基本信息，如客人姓名、生活特点、有无陪同及特殊要求等，做好相应的准备工作。

（2）客人抵店时，在梯口迎接，问候客人，并视情况帮助提拿行李，搀扶客人进房。为帮助客人尽快熟悉房内环境，应视情况向客人介绍房间内设施设备、物品的摆放位置及使用方法。

（3）客人住店期间，对客人的进出要特别关注，客人离开楼层去其他场所，必要时应通知有关人员给予适当的照顾。

（4）客人离店时，应主动征询客人是否需要帮助，视情况通知行李员帮忙提拿行李。

（5）帮助客人要适度，要顾及客人的自尊心，避免过度服务，客人表示希望自己做的事情可以让客人自己完成。与客人交谈时，不能打听客人残疾的原因，不要表露怜悯之情，更不能嘲笑、讽刺或排斥。

2. 醉酒宾客服务

（1）根据醉酒程度不同，醉酒类型一般分为三种，具体表现见表 3-8。

表 3-8　　　　　　　　醉酒类型及具体表现

醉酒类型	具体表现
轻度醉酒	客人话变多，人表现得比较兴奋
中度醉酒	客人走路时摇摇晃晃，说话变得含糊不清，并伴有呕吐
重度醉酒	重度醉酒客人通常会陷入昏迷状态，瞳孔放大

（2）醉酒宾客的一般处理程序

1）客房服务员发现客人醉酒后，要注意观察醉酒程度及行为，及时报告上级及安保部。护送客人回房休息，主动征询其意见，并提供热毛巾和茶水。

2）将热毛巾、茶水、纸巾、垃圾桶放在床边，方便客人使用；打开卫生间、走廊及床头灯以方便客人活动；撤出房间内的火柴、打火机，防止客人醉酒吸烟引发意外。客人休息后要留心观察客人的动静，以防客人受伤。

3）如客人呕吐在地面或地毯上，客房服务员应及时处理污渍并报告房务中心，由房务中心文员通知当班主管和领班，并及时安排彻底清洁地面或地毯。

4）将醉酒客人房号及处理过程记录在交接班记录本上，做好交接班工作。

> **小提示**
>
> 客人醉酒后如果出现在楼层大吵大闹，或损坏物品、干扰其他客人的情况，应立即请安保人员前来协助。如需要搀扶客人回房休息，避免独自搀扶，可与同事或安保人员一起搀扶醉酒客人。

3. 受伤宾客服务

客人入住饭店期间，难免会出现一些磕磕碰碰的情况。在客房内遭受的伤害大多数与客房内的设施设备有关，可能是设施设备故障引起，也可能是客人使用不当引起。不管何种原因，在遇到此类情况时，都应先处理客人伤情，不得先追究责任。在客房内可能发生的受伤事件有摔倒、烫伤、割伤、流血、骨折等。客房服务员应妥善处理客人受伤事件，让客人感受到家的温暖。

（1）客房服务员发现客人受伤后，须冷静处理，不可慌乱。认真查看客人伤势，视客人受伤情况协助客人到安全处，安抚客人并询问是否需要就医或其他帮助。

（2）如果受伤情况较严重，应立即向上级报告，由大堂副理或值班经理将客人及时送至医院治疗。如果是溺水或骨折等紧急事件，客房服务员可利用已知的急救知识做适当救护。

（3）保护好现场，将客人受伤事件迅速告知安保部、医务室和领班，找出并分析客人受伤的原因。如果是饭店设施设备的原因引起，应由工程部人员检查客人受伤区域的相关设备，对设备进行维修，杜绝此类事件再次发生。

（4）客人治疗期间，饭店相关负责人应代表饭店探望和慰问客人。

（5）客人受伤情况应记录在交接班记录本上，做好交接班工作。

> **小提示**
>
> 客房服务员应牢记自己的岗位职责，对于超出岗位职责的事情必须先报告。

4. 生病宾客服务

客人因旅途劳累、水土不服或其他原因，可能会突然得急病。

这种情况下，客人更需要细心的照顾与服务。

（1）发现住店客人患上重症、急症，应立即上报值班经理、大堂副理、值班医生，及时将病人送往医院。

（2）对于心脏病、高血压、脑出血等突发病人，如果客人昏厥摔倒，不得因客人躺在地上不雅而把他抬到别处，避免二次伤害。

（3）如遇客人病情轻微，不得擅自拿药给客人吃。客人要求客房服务员帮其代买药品时，应婉言告知饭店规定不可代买药品。可上报客房部主管或大堂副理通知住店医生出诊，由医生决定是否拿药给客人。

（4）从客人发病开始，每天做好记录。对于需要住院的客人，应立即通知其家属或相关人员，并协助办理住院手续、派人看护等。医疗费用和护理费用由客人自理。

（5）如果客人经抢救无效死亡，由医院向死者家属报告详细的抢救经过，并开具"死亡诊断证明书"，证明书一式多份，由主治医生签字盖章。

（6）对生病客人住过的客房应进行严格的消毒处理，并对该客人住过的客房号保密。

（7）无论客人是否需要就诊，客房服务员都应主动关心照料；员工交接班时，要将客人情况告知下一班的员工，以便做好进一步的服务、照顾工作。

二、特殊问题处理

1. 客人投诉的处理

投诉是客人对饭店提供的服务设施设备、服务项目及行为不满意，而提出异议、抗议、索赔和要求解决问题等的行为。

在饭店客房部，引起客人投诉的因素主要包括两方面：一方面是硬件因素，包括客房设施设备不达标或出现故障，如家具破损、空调失灵、设备陈旧等；另一方面是软件因素，如客房卫生清洁不达标、客房服务员动了客人房间里的东西、服务态度差、服务效率低、客人物品丢失或被盗等。除此之外也有一些是客人主观原因引起的，如客人心情不佳借题发挥、对饭店期望过高而感到失望、过于挑剔等。

许多服务型企业会说这样一句话："请把您的满意告诉大家，把您的意见或建议留给我们。"对饭店来说，客人的投诉可以帮助饭店发现问题，改善服务质量，提高管理水平。处理好客人的投诉可以改善饭店与客人之间的关系，因此，要树立"客人永远是对的"的服务理念，掌握客人投诉的三种心理，即求尊重心理、求发泄心理、求补偿心理。客人投诉处理方法一般包括：

（1）真诚接待，耐心倾听。一名优秀的客房服务员应该善于聆听。倾听客人的需要、渴望、抱怨、异议等，听懂客人的潜台词。遇到客人批评或投诉时，首先应注意倾听客人意见，真诚地表示接受。因为这个阶段，是客人发泄不满的过程，员工不该也不能反驳客人的意见。

（2）表达歉意，认真记录。面对客人投诉时不要急于辩解和反驳，对任何给客人造成不悦的事情，均应表示歉意，并做好翔实的记录。客人讲到重要的细节、要点时，更要清楚记录并适时复述，这样不仅可以明确问题，还可以缓和客人的情绪。

（3）用心了解，及时上报。客房服务员应用心了解事件，可以采用提问的方式，把投诉由情绪带入事件本身。客房服务员应及时将事情经过详细地向上级汇报，不得隐瞒事实。由上级主管和大堂副理出面负责进一步处理。

（4）快速处理，及时反馈。大堂副理和当班主管应详细了解事情的来龙去脉，并详细分析，做出正确的判断，拟定解决的方案。同时，必须尽早将处理情况反馈给客人，让客人了解已做出的处理。

（5）吸取教训，事后跟踪。跟踪善后情况，进一步了解客人的意见，取得客人的谅解，尽一切努力让客人满意。做好投诉和处理过程的记录并存档，总结经验教训，以利于今后改进工作。

【案例3-1】

2019年某月某日，雷女士带其小孩去三亚游玩。富有热带风情的三亚水美景美，雷女士一家人玩得很愉快。当晚雷女士带着愉悦的心情入住三亚某度假饭店亲子套房，进入房间安顿好后，孩子们就开心地在房间玩起躲猫猫游戏。玩了不到5 min，雷女士发现不满两周岁的女儿从床边捡起了一根抽过的烟蒂，好奇地准备往嘴里放，雷女士顿时大惊失色，随后怒气冲冲地冲到前台进行了投诉。闻讯赶来的大堂副理对客人进行了自我介绍，然后礼貌地请客人来到大堂了解情况并将事件记录在日志上。了解情况后，大堂副理向雷女士一家人表达了最真诚的歉意，并立即安排客房服务员再次将客房的每个角落进行清扫，确保无卫生死角。同时安排饭店特制了一款精美蛋糕送给小朋友。退房前，大堂副理及时跟进事件，让客人对饭店重新有了好印象。

分析：在上述案例中，雷女士投诉是由于软件方面的因素导致的，即客房服务员清扫的客房卫生不达标。面对客人投诉时，大堂副理站在客人的角度真心实意地聆听客人的投诉并做好记录，听完客人投诉后，礼貌地向客人道歉，并根据客人投诉原因果断查找、解决问题，后续及时跟进事件，有利于建立良好宾客关系。

2. 客人损坏或带走客房物品的处理

（1）发现饭店设施设备有丢失或损坏时，应立即向房务中心、领班及上级部门报告。客房部管理人员应及时赶到，保护现场。

（2）调查物品损坏的确切证据，分析物品损坏的可能原因。客房管理人员根据损坏程度来决定是否向客人索赔。

（3）查退房时遇客人带走客房物品，应立即报告前台，礼貌询问客人是否不小心带走客房用品，询问时要注意语气及态度。

（4）向客人索赔时应先核实客人身份，有礼貌地向客人提出物品索赔要求，可以说："请问您住……房间，对吗？很遗憾房间内……有损坏，需要麻烦您支付一定费用。"赔偿费用可以查阅饭店物品的价格清单，按饭店规定进行收取。同时，礼貌向客人进行说明，展示相关记录及资料。交流过程中，也要听取客人的意见。如涉及重要客人时，须权衡饭店和客人的利益，及时向饭店上级管理部门报告，根据权限确定赔偿价格。

（5）处理索赔时，应礼貌对待客人，用词严谨、准确表达，注意不要被对方抓住把柄而大做文章，导致索赔难度加大。

（6）由房务中心按饭店规定的价目输入客账内，并开具"杂项收费单"，收费单一式三份，注明客人姓名、房号、日期、收费项目、金额等，交由客人签名后，一联留客房部保存、一联交由前台入账、一联财务室留存。如果客人想购买物品，也将按饭店规定收取费用。

（7）感谢客人对饭店的支持和理解，可以说："谢谢您对我们工作的支持。"事后还应办理损坏物品的报废手续，并及时填补规定的物品。

> **小提示**
>
> 1. 客人赔偿后可将物品带走，如果未带走，须在"杂项收费单"中注明"未带走"，以便进行客房物资分类，及时报废。
> 2. 对于正常洗涤可去除的污渍，一般不进行索赔。房间内茶杯、烟灰缸等价值较低的物品损坏按原价进行索赔。
> 3. 如遇VIP，任何部门、个人不得擅自向其索赔，必须请示饭店主管领导，由部门经理、大堂副理向客人接待单位进行确认或予以免赔。
> 4. 在处理赔偿问题时，避免与客人发生争吵，不可得理不让人。饭店在取得合理赔偿时，也要考虑客人的心理感受。

3. 请勿打扰房的处理

通常情况，对于请勿打扰房，客房服务员不能按正常程序清扫，防止打扰客人。

房间长期处于DND状态的原因有多种，通常是客人忘记取消，房务中心致电客人后，客人还是会要求清扫，有时不及时清理，客人甚至会投诉饭店。

高星级饭店里，房务中心在晚上（19：00—20：00）会打印当日DND房间报表，若发现客人房间持续处于DND状态，且拨打房间电话没人接听，留言无人应答，考虑到客人的安全，楼层主管应随安保主管前去检查。饭店检查DND房间的主要原因是，在非正常情况下，房间电话没人接，留言没有回，DND灯持续挂到晚上，可能是客人出现了意外情况。检查一方面是为了防止客人在房内发生意外，及时处理特殊情况，从而维护客人的人身、财产安全；另一方面是防止逃账情况发生，避免饭店产生经济损失。

进房检查前，工作人员要先查看楼层的层显，查看房卡是否插在取电槽上，从而判断房间的状态。但也有特殊情况，双重DND的房间（房门挂有"请勿打扰"牌并亮有"请勿打扰"指示灯）是不可以打扫的，进房也必须由大堂副理、安保主管陪同。此外有自杀倾向的客人，如出现可疑情况，楼层主管必须会同大堂副理、安保主管共同查房，防止意外发生。

一般情况下，DND房间的服务程序如下：

（1）客房服务员在清洁房间时，见房门挂有"请勿打扰"牌或亮有"请勿打扰"指示灯时，在工作单上做好记录。

（2）客房服务员在14：30时再次关注该房，如已取消"请勿打扰"，按正常清扫程序清洁房间。

（3）如该房在14：30还有"请勿打扰"提示，应告知领班，由领班告知房务中心，房务中心可电话征求客人清扫房间的时间。

（4）房务中心在征求客人意见后告知领班，领班根据客人要求清扫房间的时间进行安排，如在17：00后，领班、客房服务员与房务中心须做好相应记录，与下一班次进行交接。

（5）该房客人如不接听电话，房务中心应告知领班，领班、客房服务员按进房程序进入房内，由客房服务员按清扫程序进行清洁。

房务中心拨打DND房间电话需要非常讲究技巧，有时候时机不巧，客人正好在洗澡，没接到第一个电话，或是客人只是忘了取消DND，如果贸然进入客房，会引起客人的不满。通常进入DND房间前，房务中心应打三次电话，每次都要有一定的时间间隔。这样做可以基本判断两种情况：一是客房里没有人，二是客房里的人可能出事了。楼层管理人员代表饭店去查房，也有正当的理由，因为是为客人的安全考虑。客人要质问时可以说之前打过几次电话，在无人接听的情况下来查看是否有情况，客人都会理解的。

DND房间的处理需要楼层管理人员凭丰富的经验判断。所以该不该打扫DND房间，最好由饭店主动和客人进行沟通，了解客人的需求后再行动。很多客人挂DND只是暂时不想被打扰，当然也有客人挂DND是明确表示不要清扫房间，若是这样，可以不打扫，但建议放入清理房间提醒卡,以便提醒客人需要清扫房间时主动与房务中心联系。

4. 客人遗留物品的处理

(1) 客房部员工在清扫房间时,若发现客人遗留物品,应立即电话通知前台,询问客人是否已结账离店,如果客人尚未离店,应立即交还客人。若客人已离店,则将物品保管好,填写客房部"客人遗留物品登记单",包括日期、房号、地点、物品、姓名及部门等,注意记录应与客人遗留物品名称相符合。

(2) 所有遗留物品都必须锁在遗留物储存柜内,贵重物品和一般物品分开,贵重物品交客房部经理特别储存,一般物品由房务中心文员按月份分类存放。

(3) 遗留物品分类:贵重物品(珠宝、银行卡、支票、现金、照相机、手表、身份证等);一般物品(衣物、眼镜、日常用品等)。

(4) 保存期限:一般物品保留时间一般为3~6个月,贵重物品存放时间为18个月。食品饮料类保留期为3天,无人认领的食品饮料可返回拾得人。特殊物品须按规定处理。

(5) 遗留物品登记单一式两份,由拾得人填写,一份随物品,一份交房务中心保存,房务中心文员应在遗留物招领登记单上作记录。如有客人来认领,须要求客人描述物品内容、遗失地点,由客房部核实后交还客人,并登记客人有效证件号码、联系电话及地址。

【综合测试】

一、测试内容

客房接待服务项目操作。

二、测试准备

1. 场地准备:客房实训室、走廊至电梯口区域。
2. 物品准备:相关单据,包括洗衣单、客衣收取登记表、物品租借单、杂项收费单、交接班记录等；茶杯、茶叶、水壶、行李箱、鞋油、鞋刷、擦鞋布等物品。

三、考核表

服务环节	服务项目	操作要求	分值	得分
到店迎接服务（30分）	热情迎接	主动问候客人，表情自然，语言规范礼貌	5	
		礼貌询问客人并帮忙提拿行李	5	
	引领客人	引领姿势正确，礼貌规范	5	
		进房程序正确	5	
	介绍客房	适当介绍客房设施设备及使用方法	10	
住店期间服务（50分）	快洗服务	接收快洗通知，礼貌进房并帮助填写洗衣单	5	
		通知洗衣房，填好客衣收取登记表	5	
	借物服务	接到服务通知，核对服务需求及房号	2	
		按规定填写物品租借单、杂项收费单	3	
		准确并礼貌地将物品递送给客人	2	
		填写交接班记录，并在适当的时候收回物品	3	
	擦鞋服务	收到服务通知，前往客房收取并做好记录	2	
		在鞋底做好标记并小心规范擦鞋	6	
		检查无误后，按时送回	2	
	会客送茶	选择合适的茶杯，按要求泡好茶并装盘	3	
		送茶顺序合理，动作规范，配合礼貌用语	5	
		礼貌退出房间	2	
	人工叫醒	接到总机通知，核对清楚房号	2	
		按程序进房，并用礼貌规范的语言叫醒客人	5	
		正确处理请勿打扰房	3	

续表

服务环节	服务项目	操作要求	分值	得分
离店服务 （20分）	离店准备	主动询问客人离店时间及行李服务要求	6	
	送别客人	礼貌道别，并帮忙提拿行李送至电梯口	8	
	善后工作	查房并规范处理各项问题	6	
合计			100	

第4单元 客房安全保卫工作

安全是饭店生存和发展的必要条件,也是客人的第一需要。饭店的安全工作包括:保障客人人身、财产及心理的安全,员工人身、财产安全和饭店本身的财产安全。客房服务员也是饭店客房部的保安员,因此需要了解客房安全设施设备的配置。

模块1 客房安全设施设备的配置

客房的安全设施主要包括电视监控系统、安全报警装置、自动灭火系统、钥匙系统等。这些设施设备分布在不同区域,共同起着安全保护的作用。

一、电视监控系统

电视监控系统由摄像机、录像机、手动图像切换、电视屏幕等组成,并在饭店要害、敏感区域安装监控摄像头(见图4-1),监视这些场所的活动,从中发现可疑人员或不正常现象,以便及时采取措施。一般配置的地点为前厅大堂、客用电梯、楼层过道、公共娱乐场所或贵重财物集中场所。

二、安全报警装置

常用的安全报警装置有微波报警器、红外线报警器、开关报警

图4-1　监控摄像头

器、超声波报警器等。主要配置地点为前厅收银处、财务部、贵重物品保险柜、仓库、商场、客房楼层消防通道等。一旦发生盗窃、爆炸、抢劫，报警信号会立刻在安全保卫部的监控中心显示。

饭店可根据报警器的不同性能和实际情况，选择和配备防盗、防抢、防爆系统。

三、自动灭火系统

现代化饭店一般为高层建筑，一旦发生火灾，损失较大，后果严重，因此饭店必须建立自身的消防灭火系统。该系统主要由火灾报警器、灭火器、防火门、消防泵、增压风机等组成。

1. 火灾报警器

（1）手动火灾报警按钮，如图4-2所示。一般安装在客房每层楼的进口处或楼层服务台附近的墙面。发现火灾时，应立即打开玻璃压盖或打碎玻璃，使触点弹出，按下按钮，即可报警。

（2）烟感器，如图4-3所示。烟感器安装在楼层走廊、客房、会议室等场所，当楼层或客房内的烟雾达到一定浓度时，烟感器的红灯闪亮，表明已报警。此时火灾显示盘上显示报警区域和报警信号，如图4-4所示。

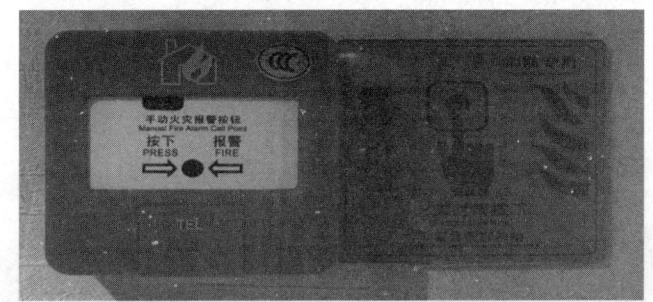

图 4-2　手动火灾报警按钮

图 4-3　烟感器

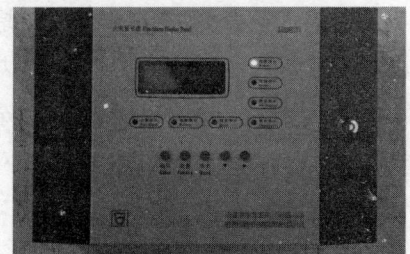
图 4-4　火灾显示盘

（3）热感器。热感器与烟感器一般安装在相同区域。当室内温度上升到热感器的启动温度时，热感器的弹片自动脱落形成回路，进行报警。

2. 灭火器

饭店中常用的灭火器有喷水灭火器和轻便灭火器。

（1）花洒喷淋器，属于喷水灭火器，一般安装在客房楼层、客房、公共场所等处，如图 4-5 所示。当室内温度达到花洒喷淋器的启动温度（一般可设置启动温度为 57.2~79.4 ℃）时，花洒喷淋器内的水银球会剧烈膨胀而爆裂，被球支撑的密封喷水口开放，水便喷到溅水盘上均匀洒水。

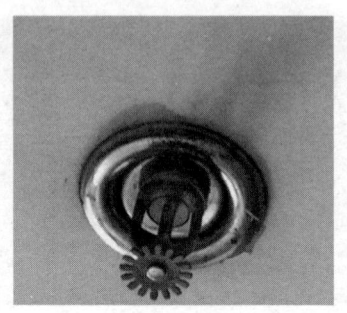

图4-5 花洒喷淋器

（2）消火栓，如图4-6所示，是一种固定消防工具，也是扑救火灾的重要消防设施之一，分为室内消火栓和室外消火栓。主要作用是控制可燃物、隔绝助燃物、消除着火源。消火栓主要供消防车从市政给水管网或室外消防给水管网取水实施灭火，也可以直接连接水带、水枪出水灭火。

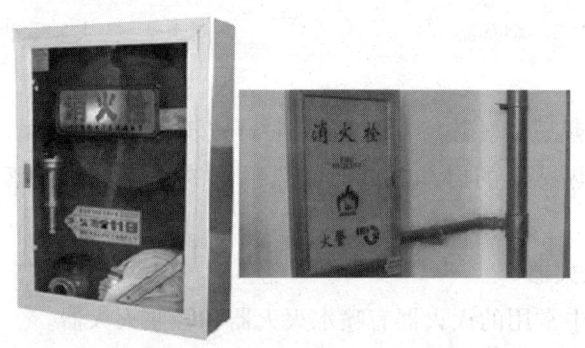

图4-6 消火栓

（3）轻便灭火器，按消防要求在客房楼层、仓库、厨房、洗衣房、办公楼等区域配置。常见灭火器主要有泡沫灭火器、二氧化碳灭火器、干粉灭火器等。灭火器使用方法如图4-7所示。

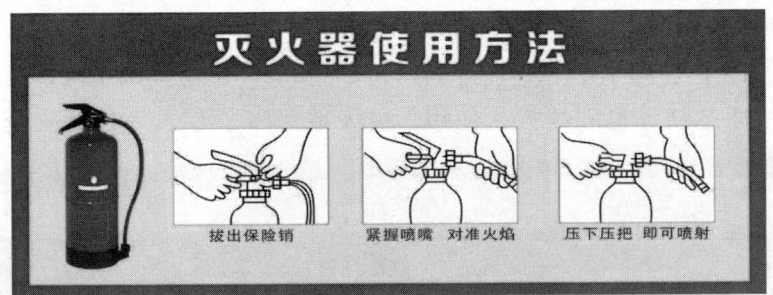

图4-7　灭火器使用方法

此外，饭店自动灭火系统还包括控制消防水泵、通风空气调节系统和电动防火门、防烟排烟设施等。

> **小知识**
>
> 　　燃烧必须具备三个基本条件，即可燃物、助燃物、引火源。只要改变其中一个条件，燃烧就会停止。因此，灭火的基本方法可归结为：隔离法（将可燃物移开）、窒息法（阻止空气流通，切断氧气供给）、冷却法（将水和灭火物质喷射到燃烧物上降低温度）和抑制法（用化学灭火剂抑制燃烧）四种。

四、钥匙系统

钥匙是饭店最基本的安全设备。目前越来越多的饭店采用了可编程的电子门锁系统，并与饭店其他系统协作或联网，使客人住宿更舒适方便。

电子门锁系统的优点是便于控制。电子门锁系统的核心是安装在房门中的微处理器，微处理器和磁卡中的密码都是在客人入住时配置，还可根据需要更改。如客人住宿三晚，时间可以设置为三个晚上，超过设定时间就无法打开房门。这种钥匙是其他人不能仿制的。电子门锁系统还具有监控功能，同时可提供多功能服务，如插卡取电、消费结账、刷卡乘坐客梯等。

除了电子门锁系统外，随着科技的发展，生物鉴别系统即指纹锁、手掌锁等也陆续投入使用，极大地保障了客人入住的安全与方便。

模块 2　防火防盗常识

对于饭店来说，防火防盗是所有安全工作中的重中之重。

一、防火工作

根据可燃物类型的不同，火灾可分为六大类，见表 4-1。

表 4-1　　　　　　　　　　火灾类型

火灾分类	可燃物类型
A 类火灾	固体物质火灾，织物、纸张、木材、纤维、塑料、橡胶等燃烧引起的火灾
B 类火灾	液体或可熔化的固体物质火灾，汽油、润滑油、煤油、乙醇、油漆等燃烧引起的火灾
C 类火灾	气体火灾，煤气、天然气、甲烷、氢气等燃烧引起的火灾
D 类火灾	金属火灾，镁、钠、钛等燃烧引起的火灾
E 类火灾	带电火灾，物体带电燃烧的火灾
F 类火灾	烹饪器具内的烹饪物火灾，动植物油脂燃烧的火灾

1. 客房发生火灾的原因

（1）客人吸烟不慎引起火灾

1）客人躺在床上吸烟，不慎引起床上用品着火。

2）点烟后乱扔未熄灭的火柴梗或乱弹烟灰引起火灾。

3）醉酒后回房间吸烟，睡着后未熄灭的烟蒂点燃房内可燃物而起火。

(2) 电气设备使用不当或出现故障造成火灾

1) 客人在房间内私自使用电饭锅、电炉等电气设备，不慎引发火灾。

2) 长住客人擅自增加电气设备，使电线超负荷引发火灾。

3) 电线老化、线头外露、电气设备一次使用时间过长或安装不规范等引发火灾。

(3) 饭店工作人员操作不当造成火灾

1) 客房服务员将未熄灭的烟灰倒入垃圾袋而引发火灾。

2) 施工人员在房间内明火作业，违规操作引发火灾。

3) 饭店员工在非吸烟区吸烟引发火灾。

4) 客人将各种易燃、易爆物品带入房间造成火灾。

> **小知识**
>
> 饭店消防预案中明确规定，火情报警分为二级：一级报警是指发现火情后，向饭店消防中心报警，其他场所听不到铃声；二级报警是指饭店消防中心确认火源、火势、火情后向全饭店报警。

2. 火情的处理

饭店一旦出现火情，客房服务员首先要沉着冷静，按照平时培训的火灾应急处理方法和要求迅速行动，果断采取有效措施，及时扑救、报警，疏导客人，确保客人生命和财产安全，尽量将损失程度降低。

(1) 及时发现火源

1) 当自动报警器发出火灾报警信号，客房服务员应立即停止手中的一切工作，查看火情是否发生在本区域，如果是，要仔细查找火源，了解火势状态，对初起火采取有效方法扑灭。如果本区域无异常情况，可继续照常工作，保持冷静和警惕，随时待命。

2）如果没有听到火灾报警信号，但闻到燃烧的气味或看到浓烈的烟雾时，要立即联想到火情，并迅速查找火源，将查看结果报告上级领导。

（2）及时报警。查明火源、火情后，及时向上级有关部门报告，报警时要沉着冷静、语音清晰，将着火的准确地址、燃烧物、时间、火势状况、周围环境、报警人的姓名及所在部门等讲述清楚。

> **小提示**
>
> 一旦出现火情，要立即发布报警信号。
>
> 除指定人员外，其他所有工作人员无论任何情况均不得再占用电话或与总机联系，保证电话的畅通，以备发布紧急指示使用。
>
> 及时控制并关闭电梯，客房服务员要将自动电梯落到一层，停止使用，并告诫客人不准使用电梯，确保安全。

（3）及时扑救。如果燃烧面积较小，火势没有蔓延，可根据燃烧物的类型，选择适宜的灭火器材进行扑救。

（4）疏导客人。客房服务员接到要求全体人员撤离现场的疏散信号后应做到以下几方面：

1）立即打开所有安全通道、安全门（紧急出口）、安全梯，关闭电梯。

2）迅速到客人房间敲门，打开房门，帮助客人离开房间，并立即关上房门。

3）在楼梯口和门口设专人把守，为客人指引疏散路线，协助客人有序撤离，避免拥挤导致事故发生，照顾好老人、行动不便的客人及小孩。

4）将客人集中到安全地点后，迅速对客人点名，确认是否已全部撤离。

> **小提示**
>
> 1. 在客人离开房间后，客房服务员要分头再次逐一检查一遍楼层的每一个房间，检查过的房间应关好房门并在门上做标记，然后迅速撤离现场。
> 2. 疏导客人撤离时，要提醒客人保持镇静，不要恐慌，不得乱喊、乱叫、乱跑，要听从客房服务员的指挥。
> 3. 穿好衣服，避免暴露的皮肤被火烧伤。
> 4. 离开房间时带好门钥匙，以便当无法正常从安全通道撤离，须再次回房间等待救援时，能打开房门。
> 5. 一旦离开房间，不能再进房间取东西。撤离火灾现场时，不能乘坐电梯（电梯已停用）。
> 6. 灭火后安排专人保护好场地，任何无关人员不得入内。

3. 火灾的预防

（1）加强对客人的防火宣传

1）在客房内的醒目位置放置"客房防火须知"。

2）在多控柜上放置"请勿在床上吸烟"的提示牌。

3）禁止客人在客房内使用电炉、电饭锅、电暖气等电气设备。

（2）提高客房服务员的防火意识

1）在日常清扫时，注意观察烟灰缸内的烟蒂是否已熄灭，可先往烟灰缸中放入少量水后再将烟蒂倒入垃圾袋。

2）清扫房间时，注意检查电气设备、电线的完好情况，发现问题及时报修。

3）保证安全通道畅通，不在通道口堆放物品，不锁门。

4）客人租借熨斗等电气设备时，要告之正确的使用方法，提醒客人注意安全。

5) 多关注回到房间的醉酒客人。

6) 严禁在工作时吸烟、饮酒，不在非吸烟区吸烟。

> **小知识**
>
> **火灾逃生的方法**
>
> 1. 选择最近的安全通道离开。
>
> 2. 撤离时随身携带一块被水浸湿的毛巾，捂住口鼻或将衣服打湿，避免衣服燃烧后灼伤皮肤；如果衣服被烧着，将衣服脱掉、撕去或就地打滚灭火。
>
> 3. 穿过烟雾区时可采取用湿毛巾捂住口鼻、用湿针织衫或充满空气的塑料袋套在头上迅速穿过的方法，千万不要喊叫和深呼吸，应保持呼吸平稳。如果烟雾很浓，应弯腰或沿墙壁匍匐行进。
>
> 4. 高层楼的人员无法向下跑逃生，可往楼顶处跑或站在楼顶的逆风方向，等待救援。
>
> 5. 如果撤离通道阻滞或中断，要立即退回房间进行自救或等待救援，在房间内不能开窗、开门。如果房间烟雾过浓，为避免发生窒息，可略打开窗户。
>
> 6. 在房间内如果触摸门和把手发烫，不能开门，要不断地向门上和其他易燃物品上泼水，冷却降温，防止火势蔓延。
>
> 7. 如果外边的浓烟从门缝进入房间，要马上用湿毛巾或棉织品塞住门缝。
>
> 8. 紧急情况下，进行自救：将床单撕开拧成绳，固定在阳台、窗户等牢固处，从窗户逃生。

二、防盗工作

饭店的客房财产和客人的财物常常是不法分子盗窃的目标，客人中的不良分子和内部员工中的少数不良分子也会趁机作案。为了保障客人、饭店和员工的财产不受损失，客房服务员必须严格执行各项安全规定，预防各种盗窃事件的发生。

1. 失窃预防

（1）熟练利用防盗设施设备。客房服务员要增强客房安全意识，充分利用配备的防盗设施，如电视监控系统、各种安全报警装置，并按要求熟练操作，规范运行。

（2）加强对客人的管理

1）根据酒店制定的"客人须知"，明确告诉客人应尽的义务和注意事项。

2）提醒客人不要随意将自己的房号告诉其他客人和陌生人。

3）根据酒店来访客人的管理制度，落实接待来访客人的程序、手续以及来访客人离店时间，严格控制无关人员进入楼层。

4）切实做好验证工作，制定客人领用钥匙的规定。

5）加强巡逻检查，发现可疑和异常情况及时处理。

6）客房内的某些物品会引起客人的兴趣，一些客人往往会将其作为纪念品带走。为满足客人的相关需求，饭店应在商场出售这些物品，并在客房内明确告知客人此为非赠品。

7）客人离店后，客房服务员或领班要及时查房。若有客人遗失物品，应登记上交；若发现有丢失和损坏的物品，应立即报告主管，并与有关部门取得联系。

（3）加强客房服务员的管理教育

1）所有客房服务员要自觉主动接受饭店的日常教育培训，提高自身的素质和道德水平，培养遵纪守法的自觉性。

2）客房服务员在工作中能主动及时阻止、揭发他人偷盗行为，并实施一定的奖励。对于偷盗者和对他人偷盗行为不予以阻止或知情不报者要进行严厉的处罚，轻者开除，重者移交公安部门处理。

3）员工进入客房服务时，必须穿本工种的制服，佩戴自己的名牌，下班后不得在客房区逗留。

4）严格执行工作钥匙的领用制度。

5)严格执行客房部员工出入饭店大门及携带物品的规定。

6)严禁客房服务员将私人物品带到工作场所和工作间,防止公私不分。

(4)防止外来人员偷盗。客房服务员应采取下列措施,防止外来人员进入客房楼层偷盗。

1)客房服务员要关注客房楼层出入口及通道的控制,对进入楼层的外来人员加强监视。

2)不要随便为"客人"开门。由于客房服务员不易准确地判断识别客人,因此,当有客人要求客房服务员为其开门时,客房服务员必须非常谨慎,否则,容易被一些人利用。如果不能肯定要求开门的人确实是该房住客,最好请客人与总台联系。只要客房服务员从维护客人利益的角度向其解释,真正的客人是会理解、支持甚至赞赏这种做法的。

3)督促客人提高警惕,增强防盗意识。

2. 客人报失事件处理

客人报失是指客人在住店期间丢失、被窃或被骗财物后向饭店进行报告的事件,遇到这种情况,要按下列要求处理:

(1)接报人立即向安保部报告。

(2)安保部接到报告后,立即会同大堂副理向失主问明情况:失主姓名、房号、国籍、地址,丢失财物的名称、数量、特征(包括物品的型号、规格、外形、新旧程度、钞票的种类、面额等)以及丢失经过,并详细记录。

(3)询问时,要设法帮助失主尽量回忆一些具体情况:来店前后的情况,在进店后是否使用过,是否忘记带来、放错地方或借给他人,有无怀疑对象等。

(4)在征得失主同意后,与其一起查找。

(5)征求客人意见是否要向公安机关报案,如果客人同意,要求客人在记录上签字或要求客人写一份详细的书面材料。

（6）如客人的财物确属被窃或被骗，须立即向饭店总经理汇报，并派人保护现场。

（7）经饭店总经理同意后向公安机关报案，如失主是外籍人士，则向当地公安机关外事管理部门报告。凡是在饭店内发生的被窃或被骗案件均须向饭店上级主管部门报告。

（8）如果客人的物品明显是在饭店内丢失，当班安保部人员要先到客户部遗失物品登记处、前厅等处查找，并派人在店内其他地方查找。

（9）如果客人丢失的是信用卡、护照等身份证件，应与当地公安机关外事管理部门联系，并让失主前去报案。如果客人丢失的是信用卡、旅行支票等有价票证，要及时与相关银行联系并控制外币兑换点等处。

（10）当客人的财物不是在饭店内被窃或被骗，应建议客人亲自去公安机关报案。

（11）当客人报失被确定为案件后，饭店安保部和有关人员应配合公安机关调查。

（12）应防止客人报假案骗取有关证明材料，从而达到某种特殊目的，如出境过关、向单位报账等。

（13）事后要做好事件处理的书面报告并存档。

【案例4-1】

客人房间被盗

孙先生和夫人在五一期间入住了某酒店的2011房间，入住的第三天上午购买了一些当地土特产放在房间，中午又去了当地海鲜大排档品尝美食。当他们愉快地回到酒店,准备收拾行李返家时,却发现房间里的箱子被人翻动过,并拿走了一些贵重物品。孙先生马上拨打电话,通知了酒店的安保部,安保部人员立即赶到现场。经孙先生核实,丢失了铂金项链两条、笔记本电脑一台、人民币5 000多元,总价值超过3万元。安保部人员询问孙先生有没有将房卡交给别人或遗失,孙先生十分肯定房卡一直带在身上,出房间时门也及时关上了。20层高的房间,也没有阳台,小偷是从哪里进来的呢?

安保部人员马上对现场进行了勘查,又查看了监控录像,录像中显示有两名男子是推门而入的。安保部人员马上对房门进行仔细检查,发现房门上有口香糖的痕迹。安保部人员恍然大悟。推断孙先生买完东西回来时被小偷跟踪,趁孙先生开门后不注意,在房间的磁卡锁上粘上了一团口香糖,孙先生放下东西出门吃饭时,认为房门上有复位器,就随手带上门,没有核实是否关上就离开了。通过进一步查看监控录像,画面证实了这一推断:从孙先生入住起就有两名男子在楼层闲逛、踩点。孙先生买完东西回来时,尾随其后,趁孙先生不注意将口香糖粘在磁卡上,孙先生走出房间后,歹徒入室作案。

分析:客房失窃案经常发生于各个酒店,犯罪分子利用各种手段作案,屡试不爽。案件的发生给客人造成财产损失和精神伤害,并且给酒店带来极坏的负面影响。对于防范客房失窃,安全人员要做好巡查,遇到可疑人员要主动盘问,对没有房卡的及时进行劝离。同时,监控中心要时刻注意客房楼层情况,发现问题及时处理。客房服务员要有较高的警惕性,注意对可疑人员进行询问或通知安保部,对于客房门窗没有关紧的及时提醒或关闭。

模块 3　其他安全事故的处理

一、爆炸物品的处理

1. 发现爆炸物品或可疑物品

发现爆炸物品或可疑物品要立即向上级部门报告，保持镇静，不要惊慌、喊叫，不要接近或移动爆炸物，保护好现场，等待专业人员到来，听从指挥，配合专业人员排除险情。

2. 汇报情况

若接到爆炸警报，客房服务员要沉着冷静，保持头脑清醒，详细询问有关情况，认真记录，并立即报告上级部门。

> **小知识**
>
> 爆炸物的组成一般包括：包装物、炸药、启爆装置三部分。
> 1. 包装物有软包装和硬包装两种：软包装有手提袋、书包、包裹等，硬包装有木盒、铁盒、塑料盒等。
> 2. 炸药有三硝基甲苯（TNT）炸药、硝铵炸药、黑火药等。
> 3. 常见的启爆装置有化学类、机械类、无线遥控类等。

二、客人死亡的处理

客人死亡是指客人在住店期间因病、意外事件或其他原因的死亡以及自杀、他杀的死亡。客房服务员在客房发现客人死亡后，要保持镇定，关闭该房间的房门，禁止其他人进入，保护好现场，并立即打电话向上级部门报告。相关人员到达现场后，客房服务员协助调查，说明情况。医院出示死亡证明，尸体运走后，要对该房间进行彻底消毒、清理，房间用品撤出烧毁。

三、住客违法行为的处理

若发现有客人在客房内从事吸毒、贩毒、走私、嫖娼、赌博等违法乱纪活动，要及时向上级部门报告，并注意监控楼层情况。当公安人员进入客房执法时，客房服务员要协助开展工作，提供相关信息。

四、客房服务员操作不慎意外受伤的处理

客房服务员工作中违反操作规程，粗心大意，会造成意外受伤，也会因为设施设备出现问题而受伤。当客房服务员受伤后，要马上报告上级主管，视病情及时送往医院救治或请饭店医务人员采取救护措施，同时查明受伤原因，分清责任，最后将事情经过、处理结果以书面形式向上级汇报。

> **小提示**
>
> 为确保安全，客房服务员必须严格遵守操作规程：
> 1. 进房间必须开灯，发现照明设备、电线出现问题及时报修。
> 2. 拿取放置在高处的物品或修理高处设施设备时必须使用梯架。
> 3. 地面有水迹或油污要立即抹净，以防滑倒摔伤。
> 4. 工作车、吸尘器、电线等必须靠边贴墙放置。
> 5. 处理垃圾必须整袋撤换，禁止直接用手拿取。
> 6. 清理碎玻璃时，要用扫帚等工具，绝对不能用手捡拾。
> 7. 工作中不能用湿手触摸电器。
> 8. 发现玻璃或镜子破裂，要立即报告并及时更换，暂时无法更换的必须用胶带粘住，以防坠落。
>
> 客房部是安全事故的多发部门，员工必须具有强烈的安全意识，严格遵守安全守则、操作规程，杜绝安全事故的发生。

模块4 应急救护知识

一、心肺复苏术

1. 心跳、呼吸骤停的表现

（1）意识丧失。怀疑有心跳、呼吸停止时，可轻轻拍打病人肩部并提问简单问题，如无反应，即可认为病人已丧失意识。

（2）大动脉搏动消失。用手指触摸不到颈动脉、股动脉的搏动。

（3）呼吸停止。保持呼吸道通畅的同时，抢救者以自己面部靠近病人的口鼻，听或感觉有无气流通过；同时看其胸部是否有起伏。若胸部无起伏，且口鼻处无气流，则确定病人呼吸停止。

2. 心肺复苏术操作方法

（1）评估现场环境，确认环境安全。

（2）判断意识。用双手轻拍病人双肩，大声在其耳边呼喊，若病人无反应，则说明意识丧失。

（3）检查呼吸。将自己的脸贴近病人的口鼻感受有无气体呼出，同时观察病人胸部起伏，评估时间为 5~10 s。

（4）呼救。指定一人拨打120，并呼叫现场会心肺复苏术的人一起施救。

（5）判断是否有颈动脉搏动。用右手的中指和食指触及气管正中部位，向近侧滑移 2~3 cm 至颈动脉搏动处，触摸颈动脉有无搏动（判断 5~10 s）。

（6）安置体位。将病人置于硬质平面，头、颈、躯干在同一直线，松解衣领及裤带。

（7）实施胸外心脏按压（见图 4-8）。定位于两乳头连线中点

（胸骨中下 1/3 处），用左手掌跟紧贴病人的胸部，两手重叠，左手五指翘起，双臂伸直，用上身力量用力垂直按压 30 次（按压频率 100~120 次/min，按压深度 5 cm）。

图 4-8　胸外心脏按压

（8）开放气道。清除口腔分泌物，如有义齿应取出。开放气道方法如下。

1）仰头举颏法（无颈部损伤者）：左手小鱼际置于病人前额，用力加压使头后仰，另一手的食指、中指抬起下颏，使下颌尖、耳垂与水平面垂直，以畅通气道。

2）托下颌法（适用于颈部损伤者）：把手放置于病人头部两侧，肘部支撑在病人所躺的平面上，握紧下颌角，用力向上托下颌，并同时用两拇指把口唇分开。

（9）人工呼吸

1）应用简易呼吸器：一手以"CE"手法固定，一手挤压简易呼吸器，每次送气 400~600 mL，频率 10~12 次/min。

2）口对口人工呼吸（见图 4-9）：一手将病人鼻孔捏住，一手托下颌并使病人口唇张开。深吸气后，紧贴病人口部，并用力吹气。当看到病人胸廓抬起，方为有效。开放鼻孔，可听到病人呼气声，并见胸廓回缩。每次送气 400~600 mL，频率 10~12 次/min。

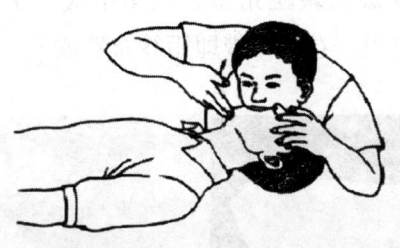

图 4-9　口对口人工呼吸

（10）持续 2 min 高效率的心肺复苏术。以心脏按压：人工呼吸＝30：2 的比例进行，操作 5 个周期（心脏按压开始即送气结束）。

（11）判断心肺复苏是否有效。听是否有呼吸音，同时触摸是否有颈动脉搏动。心肺复苏成功的标志：大动脉搏动恢复，收缩压在 60 mmHg 以上；瞳孔缩小，紫绀减退，肢体温度回暖，自主呼吸恢复。

（12）整理病人，等待救护车，进行进一步生命支持。

二、创伤包扎

所谓包扎，通常是指用干净纱布包扎伤口。包扎的目的是保护伤口、压迫止血、减少感染、减轻疼痛、固定敷料和夹板等。

1. 包扎要领

伤口经过清洁处理后，要做好包扎。包扎时，要做到快、准、轻、牢。快，即动作敏捷迅速；准，即部位准确、严密；轻，即动作轻柔，不碰撞伤口；牢，即包扎牢靠，不可过紧，以免影响血液循环，也不能过松，以免纱布脱落。

2. 包扎材料和方法

不同部位有不同的包扎方法。最常用的包扎材料是三角巾和卷轴绷带，如图 4-10、图 4-11 所示，也可以用相应材料代替。一块方布对角剪开,即成两块三角巾,三角巾应用灵活,包扎面积大,各个部位都可以应用。卷轴绷带即用纱布卷成,一般长 5 m。

图 4-10　三角巾

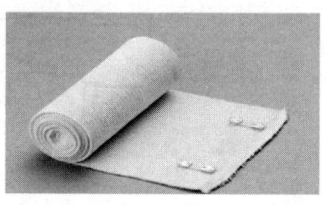

图 4-11　卷轴绷带

（1）绷带包扎

1）绷带环形法。这是绷带包扎中最基本、最常用的方法,一般小伤口清洁后的包扎都用此法。它还适用于颈部、头部、腿部以及胸腹等处。方法是：第一圈环绕稍倾斜,第二圈后将第一圈斜出的一角压于环形圈内,最后用黏膏将尾部固定,或将带尾剪开打结。

2）绷带蛇形法。多用于夹板的固定。方法是：先将绷带用环形法缠绕数圈固定,然后按绷带的宽度间隔地斜着上缠或下缠即成。

3）绷带螺旋法。多用在粗细相差不多的地方。方法是：先按环形法缠绕数圈固定,然后上缠每圈盖住前圈的 1/3 或 2/3 成螺旋形。

（2）三角巾包扎

1）普通头部包扎。先把三角巾底边折叠放于前额,两边拉到脑后先打一半结,然后绕至前额打结、固定。

2）风帽式头部包扎。将三角巾顶角和底边各打一结,即成风帽状。包扎头部时,将顶角结放于前额,底边结放在后脑勺下方,包住头部,两角往面部拉紧,向外反折包绕下颌,然后拉到枕后打结即成。

3）胸部包扎。如右胸受伤,将三角巾顶角放在右肩上,将底边围在背后在右面打结，然后再将右角拉到肩部与顶角打结。

4）背部包扎。与胸部包扎的方法一样，位置相反，结打在胸部。

5）手足的包扎。将手或足放在三角巾上，顶角向前拉到手背或足背，然后将底边缠绕打结固定。

6）手臂的悬吊。如上肢骨折需要悬吊固定，可用三角巾吊臂。悬吊方法是：将患肢成屈肘状放在三角巾上，然后将底边一角绕过肩部，在背后打结即成悬臂状。

三、常见急症急救措施

1. 昏迷

昏迷是机体高级神经活动受到严重抑制的一种临床表现，是严重的意识障碍。昏迷的病因很多，有脑挫伤引起的，也有脑脓肿、脑肿瘤等造成的，常见的有中暑、癫痫等病因引起的昏迷。昏迷的急救方法和注意事项如下。

（1）在饭店任何地方发现客人昏迷，均不要随意搬动病人。应立即拨打电话，报告医务室、安保部。

（2）服务人员如果能从昏迷者的症状诊断出病因，应根据现有条件给予及时的临时性抢救，使病人摆脱病危状态。

（3）医务人员不能判断病因的，在可能的条件下给予简单的急救处置，即进行生命特征的监护和维持，让病人保持呼吸通畅。

（4）在急救的同时，打电话联系救护车，立即送往医院进行全面检查和救治。

（5）通知病人家属，将情况向家属作详细汇报，并根据客人意见在饭店安排住宿。客人家属不愿在饭店食宿的，不必力劝。

（6）将病人交给病人亲友后，应经常主动派人看望，给予必要的关心。

2. 休克

休克是急性微循环衰竭引起的全身细胞缺氧的症候群，临床表现为反应迟钝、面色苍白、四肢厥冷、脉搏细微、出冷汗、血压下降，病人处于昏迷状态。

（1）导致休克的病因很多，主要有低血容量性休克、感染中毒性休克、过敏性休克、低氧性休克等。

（2）休克急救措施

1）将病人取平卧位，头下放置枕头，使躯干保持水平位，双下肢稍抬高。

2）对急性心肌梗死、心力衰竭的休克病人，应采用半卧位或坐位。

3）救护车到来之前，在饭店医务人员的指导下，根据现有条件进行简单的急救。

3. 痉挛

痉挛是指肌肉突然发生激烈的、非自主性的收缩。临床表现为身体两侧同时发生强烈痉挛，意识丧失，手握拳，牙关咬紧，眼球左右运动并向上方凝视，头、背向后伸展，呼吸停止，口吐白沫，舌常被咬伤出血，出现尿失禁等，最后进入昏迷状态。

痉挛的急救方法：

（1）痉挛发作时，给予认真的看护，防止手足外伤。

（2）为防止舌咬伤，可在病人牙齿间放入牙垫。

（3）及时送往医院进行全面治疗。

4. 呼吸困难

当机体受到精神、循环、代谢等因素的影响，出现呼吸运动增强、频率加快、自觉呼吸费力、吸入空气不足，并且副呼吸肌参与呼吸运动时，称为呼吸困难。

引起呼吸困难的因素很多，常见的有肺气肿、肺水肿等肺部疾病，胸腺炎、气胸等胸部疾病，也有支气管哮喘、慢性支气管炎等气管、支气管疾病等。

呼吸困难的急救方法：对轻度的呼吸困难不需要紧急处理，对重度的呼吸困难应立即采取相应的治疗措施。

（1）在呼吸即将停止或呼吸极度微弱时，要进行口对口的人工呼吸，或用人工呼吸器辅助呼吸。

（2）对严重呼吸困难者要给予氧气吸入。

（3）送医院查明原因，进行全面治疗。

5. 溺水

缺氧时间和程度是决定淹溺者预后最重要的因素。快速、有效地实施现场救护，尽快对淹溺者进行通气和供氧是最重要的紧急抢救措施。

（1）迅速将淹溺者救出水面。施救者应从淹溺者背后接近，一手托着他的头颈，将面部托出水面，或抓住腋窝仰游，将淹溺者救上岸。救护时应防止被淹溺者紧紧抱住。

（2）畅通气道。一旦从水中救出，对无反应和无呼吸的淹溺者应立即清除异物。迅速清除口鼻腔中的污水、污物、分泌物及其他异物，有义齿者取出义齿，并将舌拉出；对牙关紧闭者，可先捏住两侧颊肌然后再用力将口启开；松解领口和紧裹的内衣及腰带，保持呼吸道通畅。

（3）心肺复苏。心肺复苏是淹溺抢救工作中最重要的措施，清理呼吸道后应尽快实施。

（4）迅速转运。迅速转送医院，途中不能中断救护。

6. 呼吸道异物堵塞

成年人大多发生在进餐时，因进食急促、过快或说笑，使食物滑入呼吸道。个别老年人因咳嗽、吞咽功能差，易将食物或义齿等误入呼吸道。婴幼儿和儿童常因深吸气而将口腔中的异物吸入呼吸道。

发生呼吸道异物堵塞的急救方法：

（1）成人救治法

1）腹部冲击法：可用于有意识的站立或坐位病人。救助者站在病人身后，双臂环抱病人腰部，一手握拳将拇指侧紧顶住病人剑突与脐间的腹中线部位，用另一手掌紧握在握拳的手上，快速向内、向上使拳头冲击腹部，反复冲击直到把异物排出，如图4-12所示。如病人意识丧失，即开始心肺复苏术。

2）自行腹部冲击法：呼吸道堵塞者本人可一只手握拳，用拇指侧顶住腹部，部位同上；另一只手再握紧拳头，用力快速向内、向上使拳头冲击腹部。如果不成功，病人应快速将上腹部抵压在一个硬质物体上，如椅背、桌沿、走廊护栏等，用力冲击腹部，直到把呼吸道异物排出，如图4-13所示。

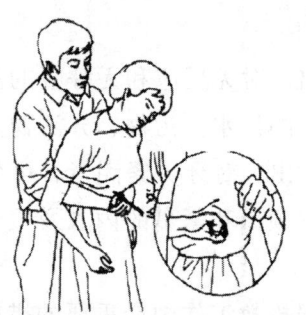 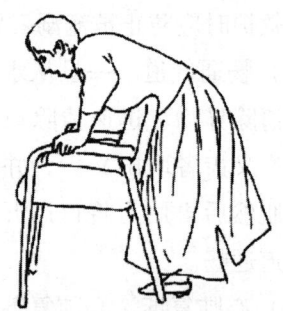

图4-12　腹部冲击法　　　图4-13　自行腹部冲击法

3）胸部冲击法：病人为妊娠末期或过度肥胖时，救助者双臂无法环抱病人腰部，可用胸部冲击法代替腹部冲击法。救助者站在病人身后，把上肢放在病人腋下，将胸部环抱住。一只手握拳，拇指侧放在胸骨中线，避开剑突和肋骨下缘；另一只手握住拳头，向后冲压，直至把异物排出，如图4-14所示。

(2) 婴儿救治法

1) 背部叩击法：使患儿骑跨并俯卧于救助者的前臂上，头低于躯干，手握住其下颌固定头部，并将其手臂放在救助者的大腿上，然后用另一只手的掌根部用力拍击患儿两肩胛骨之间的背部4~6次。这样能使呼吸道内的压力骤然升高，有助于推动异物排出体外，如图4-15所示。

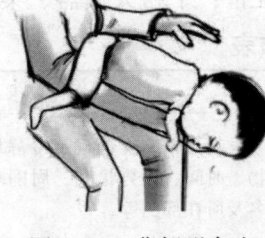

图4-14　胸部冲击法　　　图4-15　背部叩击法

2) 胸部手指猛击法：患儿取仰卧位，头略低于躯干。急救者用两手指按压两乳头连线与胸骨中线交界点下一横指处4~5次，如图4-16所示。必要时可与背部叩击方法交替使用，直至异物排出。

(3) 儿童救治法。救助者取坐位，让儿童背靠坐在救助者的腿上，然后，救助者用双手食指和中指用力向后上方挤压患儿的上腹部，压后随即放松，如图4-17所示。

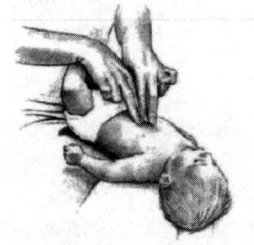

图4-16　胸部手指猛击法　　　图4-17　儿童救治法

【综合测试一】

一、测试内容
干粉灭火器的使用。

二、测试准备
1. 场地准备：室外空旷的场地。
2. 物品准备：干粉灭火器、柴油桶。

三、考核表

项目	操作要求	分值	得分
火情报警 （20分）	发现火情，能准确、冷静地说清地址、燃烧物、时间、火势状况、周围环境、报警人的姓名及所在部门等	20	
灭火器使用 （70分）	取出灭火器，将瓶内干粉摇均匀	10	
	拔出保险销	10	
	左手握住喷管，右手提着压把	10	
	站在距火焰2 m的地方，对准火焰根部	15	
	右手用力压下压把，左手拿着喷管左右摇摆	15	
	覆盖燃烧区，直至把火全部扑灭	10	
总体效果 （10分）	遇事冷静、不慌乱，语言条理清晰，动作正确规范，能把火完全扑灭，效果理想	10	
合计		100	

【综合测试二】

一、测试内容
心肺复苏操作。

二、测试准备
1. 场地准备：护理实训室。

2. 物品准备：人体模型。

三、考核表

项目	操作要求	分值	得分
准备工作 （4分）	使伤者（人体模型）仰卧在硬质地面上	2	
	准备姿势正确规范	2	
开放气道 （6分）	方法一：仰头举颏法，动作正确规范	3	
	方法二：托下颌法，动作正确规范	3	
人工呼吸 （40分）	双手位置正确，动作规范	10	
	紧贴伤者口部，用力吹气	10	
	开放鼻孔，判断操作是否有效	10	
	每分钟均匀吹气10~12次，频率正确	10	
胸外心脏按压 （40分）	按压定位准确	10	
	按压手势和动作正确规范	10	
	按压力量适当，频率恰当	10	
	重复按压动作	10	
总体效果 （10分）	人工呼吸和心脏按压交替进行，且比例正确	5	
	每次按压位置正确	2	
	最终伤者（人体模型）显示能自主呼吸，急救成功	3	
合计		100	

培训建议

一、培训目标

通过培训,培训对象可以在各地星级饭店的客房部(或房务部)从事客房服务工作。

1. 理论知识培训目标

(1)了解客房部对饭店的重要性。
(2)了解客房基本知识。
(3)了解客房服务员的工作内容和基本素质要求。
(4)熟悉客房服务所需的清洁工具和清洁剂。
(5)掌握客人住店期间的对客服务工作内容和程序。
(6)熟练掌握各类客房的清扫方法和程序。

2. 操作技能培训目标

(1)了解客房部与其他部门的协作和配合。
(2)了解火灾、盗窃的预防处理及应急救护等方法。
(3)能为住店客人提供各项服务。
(4)按规范进行客房的清洁卫生。
(5)有一定的设备管理能力。

二、培训课时安排

总课时数:96课时。

理论知识课时:35课时。

操作技能课时:61课时。

具体培训课时分配见下表。

培训内容	理论知识课时	操作技能课时	总课时	培训建议
第1单元　岗位认知	4	4	8	重点：客房部的重要性；客房部的组织机构形式；客房产品、类型及功能布局；客房服务员的主要工作内容 难点：客房服务员形象与心理等基本素质的要求
模块1　客房服务员工作内容和素质要求	1	1	2	
模块2　客房服务员职业道德	1	1	2	
模块3　客房部简介	1	1	2	
模块4　客房基本知识	1	1	2	
第2单元　客房清洁工作	16	30	46	重点：客房日常清洁整理的基本流程及方法；客房计划卫生的基本技能 难点：走客房清扫的标准程序；家具设备的日常维护
模块1　常用清洁工具及清洁剂	1	1	2	
模块2　客房日常清扫	10	17	27	
模块3　客房的消毒工作	1	2	3	
模块4　客房的计划卫生	1	2	3	
模块5　公共区域的清洁卫生	1	2	3	
模块6　设施设备的维护保养	2	6	8	
第3单元　客房接待服务	11	20	31	重点：对客服务的主要项目、操作程序和技巧 难点：处理投诉的基本程序和方法；VIP服务
模块1　接待服务的四个环节	6	12	18	
模块2　会议服务	1	2	3	
模块3　VIP接待服务及个性化服务	2	2	4	
模块4　其他服务	2	4	6	
第4单元　客房安全保卫工作	4	7	11	重点：防火、防盗、防自然事故常识及应急救护知识 难点：客房中突发安全事故的处理方法；客房异常情况的处理
模块1　客房安全设施设备的配置	1	1	2	
模块2　防火防盗常识	1	1	2	
模块3　其他安全事故的处理	1	1	2	
模块4　应急救护知识	1	4	5	

附 录

饭店常用英语词汇

1. 服务台
management 经营、管理
market price 市价
cashier's desk 兑换处
coin 硬币
accounting desk 账务处
check-out time 退房时间
voucher 代金券
price list 价目表
check 支票
sign 签字
interest 利息
form 表格
reservation 预订
reception desk 接待处
tip 小费
reservation desk 预订处
luggage office 行李房
per thousand 千分之……

spare 多余的

postpone 延期

cancel 取消

traveller's cheque 旅行支票

pay 付款

fill 填写

administration 管理、经营

note 纸币

registration desk 入宿登记处

lobby 前厅

luggage rack 行李架

business card 名片

identification card 身份证

rate of exchange 兑换率

conversion rate 换算率

charge 收费

bill 账单

change money 换钱

procedure 手续、程序

information desk 问询处

luggage label 行李标签

overbooking 超额订房

percent 百分之……

reasonable 合理的

cash 兑换

keep 保留、保存

bank draft 汇票

accept 接受

procedure fee 手续费

fill in the form 填表

2. 通信服务

operator 电话员

housephone 内部电话

special line 专线

dial anumber 拨号码

hold the line 别挂电话

ordinary telegram 普通电报

receiver 听筒

cityphone 城市电话

telephone number 电话号码

replace the phone 挂上电话

line, please 请接外线

the line is busy 占线

send a telegram 发电报

long distance call 长途电话

telephone directory 电话簿

call somebody up 打电话给某人

can't hear somebody 听不见

can't get through 打不通

ordinarymail 平信

switchboard 交换台

central telephone exchange 电话总局

express telegram 加急电报

special despatch 专电

registered fee 挂号邮资

postcard 明信片

3. 客房设备、用品

escalator 自动楼梯

bookshelf 书架

cabinet 橱柜

switch 开关

venetian blind 百叶窗帘

curtain 窗帘

wastebasket 废纸篓

night table 床头柜

folding screen 屏风

hanger 挂钩

plug 插头

elevator 电梯

drawer 抽屉

spring 弹簧

cushion 靠垫

socket 插座

sitting room 起居室

voltage 电压

floor 楼层，地板

carpentry 木器

tea table 茶几

bedclothes 床上用品

quilt 被子

mattress 床垫

thermos 热水瓶

transformer 变压器

客房服务英语 100 句

1. Housekeeping. May I come in?

我是客房部的,可以进来吗?

2. When would you like me to clean your room, sir?

您要我什么时间来给您打扫房间呢,先生?

3. You can do it now if you like.

如果你愿意,现在就可以打扫。

4. I would like you to go and get me a flask of hot water.

我想请你给我拿一瓶热水来。

5. I'm sorry that your flask is empty.

很抱歉您的水壶空了。

6. May I do the turn-down service for you now?

现在可以为您开夜床吗?

7. Oh, thank you. But you see, we are having some friends over.

噢,谢谢,但你知道我们邀请了一些朋友过来聚聚。

8. Could you come back in three hours?

你能不能过 3 小时再来整理?

9. Certainly, Madam. I'll let the overnight staff know.

当然可以,女士。我会转告夜班服务员。

10. Turn-down service. May I come in?

开夜床服务,我可以进来吗?

11. Certainly. Come in, please.

可以，进来吧。

12. Not now. Could you come in later, please?

现在不行，你一会过来好吗？

13. Could you please tidy up the bathroom?

请整理一下浴室好吗？

14. I've just taken a bath and it is quite a mess now.

我刚洗了澡，那儿乱糟糟的。

15. Besides, please bring us a bottle of freshly boiled water.

另外，请给我们带瓶刚烧开的水来。

16. It's growing dark. Would you like me to draw the curtains for you?

天黑下来了，要不要我拉上窗帘？

17. Is there anything I can do for you?

您还有什么事要我做吗？

18. I need one more pillow please.

我需要加个枕头。

19. I'm always at your service.

乐意效劳。

20. Could you send someone up for my laundry?

请叫人到我的房间收取要洗的衣服，好吗？

21. Certainly. Our room attendant will collect in a minute.

好的，我们的服务员马上到。

22. I come to collect the laundry.

我是来收衣服的。

23. Excuse me, your clothes are ready.

打扰一下，您的衣服洗好了。

24. I will take it back, and clean it again.

我会把它带回重新清洁。

25. I'll send someone to your room to check immediately.

我马上叫人到您的房间查视。

26. You are so kind. Thank you very much.

你们真好。太感谢了。

27. You're welcome. It is our pleasure to service our guests.

不用谢，为客人服务是我们的荣幸。

28. I will check with my supervisor.

我要请示一下主管。

29. Have a good time.

祝您玩得愉快。

30. Let me show you the way.

让我给您指路。

31. This way, please.

请这边走。

32. Would you like a morning call?

您需要我明天早上叫醒您吗？

33. I've run into something urgent in my room.

我在房间遇到了一些紧急情况。

34. The towels are dirty.

毛巾脏了。

35. The shampoo in my restroom is spilt.

我卫生间内的洗发水洒了。

36. The sink needs wiping, I'm afraid.

洗水槽恐怕需要清洁一下。

· 175

37. The toilet is stopped up.

马桶堵塞了。

38. The air-conditioner doesn't work.

空调坏了。

39. I was about to take a shower in the restroom.

我当时刚要在卫生间洗澡。

40. No hot water for shower was available.

没有热水淋浴。

41. These shower controls are difficult to use.

这些淋浴控制开关很难使用。

42. I'm sorry to hear that, but don't worry.

听到这我很抱歉，但是不必着急。

43. I'll try to fix it immediately.

我会立刻处理此事。

44. What's your room number?

您的房间号是多少?

45. Someone will be there to fix in a moment.

马上就会有人过去维修。

46. I'll send a plumber to your room.

我会派水管工来您房间。

47. I'll send for an electrician.

我去叫个电工。

48. The room attendant will show you how to use the shower controls.

客房服务员会教您如何使用淋浴控制开关。

49. It's so noisy right outside my door, and I can't sleep.

我的房门外太吵了，我无法入睡。

50. I'll be there in a few minutes.

我几分钟后就到。

51. I hope I'm not disturbing you.

我希望没有打扰您。

52. You can put the DND sign outside your door.

您可以在房间外悬挂"请勿打扰"牌。

53. Don't hesitate to contact us if you have anything emergent.

如遇紧急事件,请随时联系我们。

54. Please contact the front desk.

请联系前台。

55. By the way, I broke the vase by accident.

顺便说一下,我不小心打破了花瓶。

56. Shall I pay for the damage I made in my room?

我应该赔偿我造成的房间内损坏吗?

57. I'm afraid you have to, sir.

先生,恐怕您必须得赔偿了。

58. I'm sorry to hear that you are not feeling well.

我听说您感到不适甚为担心。

59. What's the matter with you, sir?

先生,您怎么了?

60. Do you think it necessary for me to send the doctor for you?

需要我为您叫医生吗?

61. Take it easy. The doctor is coming in a minute.

别紧张,医生马上就来。

62. I hope you will feel better soon.

希望您能尽快好起来。

63. Could you give us some information about your lost item?

您能告诉我们您丢失物品的情况吗?

64. Could you describe your camera in detail? I'll keep a record.

您能详细描述一下您的照相机吗? 我做一下记录。

65. We'll do our best to find your camera in the shortest time.

我们会尽力在最短的时间内为您找到照相机。

66. When and where did you last see it?

您最后一次见到它是在什么时候、什么地点?

67. I'll inform the security department to deal with the matter.

我会通知安保部调查此事。

68. Could you check the contents in your parcel?

您能检查一下包里的东西吗?

69. Shall I call the police?

需要我报警吗?

70. I'll send the voltage converter to your room as soon as the guest returns it.

客人把电压转换插头归还后我马上送到您房间。

71. Good morning, sir. May I clean the room now?

早上好,现在可以打扫房间吗?

72. Sure, What time would you like me to come back to clean?

当然可以,您希望什么时候来打扫?

73. You may clean the room when I go out.

我出去后再打扫。

74. Sure/Certainly.

当然可以。

75. Sorry, We don't have this kind of the service.

对不起,我们没有这种服务。

76. Wait a moment, madam. I'll bring them to you right away.

等一会儿，夫人。我马上送来。

77. We also provide baby-sitting services.

我们也提供托婴服务。

78. I'll vacuum the carpet in your room.

我会用吸尘器将您房间的地毯吸干净。

79. We always check-out first, unless there is a request.

除非有人要求，否则我们总是先办理退房手续。

80. We have to get these rooms ready for the front office.

我们得把这些房间准备好供前厅使用。

81. Please help me get the soap.

请帮我拿下肥皂。

82. All right. I'll get it for you right away.

好的，马上给您拿。

83. The slippers are worn out. Change them for me, please.

拖鞋破了，请帮我换下。

84. Just a moment. I'll do it right now.

稍等，马上给您换。

85. Pardon me for interrupting.

抱歉，打扰了。

86. Please excuse me for coming so late.

请原谅我来晚了。

87. It's my negligence. I beg your pardon.

我疏忽了，请您原谅。

88. For the turn-down service, I'll take away the bedspread, and fold the upper corner of the blanket.

关于开夜床服务，我会拿走床罩，把毯子的上角折起来。

89. I'll drop the curtains and turn on the lights.

我会把窗帘拉上,并且开灯。

90. I'll clean the bathroom and bring fresh towels and boiling water.

我会打扫浴室,把新的毛巾和刚烧开的水拿来。

91. I hope you will have a pleasant evening.

希望您度过一个愉快的夜晚。

92. Please feel free to call us if there is anything we can do for you.

如果有我们可以帮忙的,请随时给我们打电话。

93. I'm afraid I can't do that for you. It's against the rule of our hotel.

我恐怕不能为您做那件事,这是违反店规的。

94. The hotel provides free shoe shining service for its guests.

宾馆为客人提供免费擦鞋服务。

95. I'm sorry, sir, but could you wait another 30 minutes, please?

很抱歉,先生。您能再等半个小时吗?

96. What time would it be convenient for you, sir?

先生,请问您什么时候比较方便?

97. I'd like you to replace the teacup. They are dirty.

我想让你换掉茶杯。它们脏了。

98. I'll put myself at your service at any time.

我随时愿意为您效劳。

99. Is that all right?

这样可以吗?

100. Yes, go ahead.

是的,可以的。

客房服务常用表单

表1　　　　　　　　　客房服务员工作单

楼层_____ 姓名_____ 日期_____月_____日　　早班_____
　　　　　　　　　　　　　　　　　　　　　　　　中班_____
　　　　　　　　　　　　　　　　　　　　　　　　晚班_____

序号	房态	清扫时间		补充消耗品													备注	特殊任务或要求
		入	出	床单	枕套	浴巾	面巾	地巾	小方巾	拖鞋	茶叶	信封	香皂	牙具	浴帽	洗发液	沐浴液	卫生纸	……		
001	OCC																		VIP	当日计划卫生
002	VD																			
003	C/O																			
004	OOO																			
005	LS																			
006	V																			
……																				

· 181 ·

表 2　　　　　　　客房领班检查工作报告

楼层：_____　　日期：_____
房务员-A：_____　　楼层领班：_____
房务员-B：_____

房号	房内状况	清洁情况	检查时间	撤吧	备注
1					
2					
3					
4					
5					
6					
7					
8					
9					
10					
11					
12					
13					
14					
15					
16					
17					
18					
19					
20					

表 3　　　　　　　　××酒店中班领班日报表

日期：_____　服务员：_____　领班：_____

区域卫生：
_____
_____
_____

夜床抽查情况：
_____
_____
_____

VD 房：
_____
_____
_____

计划卫生：
_____
_____
_____

VIP：
_____

备注：
_____
_____

表 4　　　　　　　　　楼消毒间杯具消毒记录

日期	茶杯	水杯	漱口杯	红酒杯	咖啡杯	开始时间	结束时间	责任人	备注

表 5   楼层棉织品要求数量表

楼层：_____　　日期：_____

名称	工作间数量	要求数量
浴巾		
面巾		
小方巾		
地巾		
2 m 大床单		
1.8 m 中床单		
小床单		
大被套		
中被套		
小被套		
枕套		
浴衣		
……		

房务员：_____　　领班：_____

表6　　　　　　　　　　客遗物品登记表

日期	房号	物品描述	拾获人	登记人	存放地点	取走时间	取走人	备注